未来哲学別冊

哲学の未来／未知なる哲学

はじめに

末木文美士

『未来哲学』第一期は、先に刊行した第八号をもってひとまず完結した。各号には、シンポジウムはじめ、研究所の主要な活動の記録とともに、幾本かの論考も掲載された。それらは必ずしも本研究所の所員に限らず、外部の研究者にもお願いして、活動の幅を広げることに努めた。そのために、かえって所員たち自身が自らの思索を展開する機会が限定されることにもなった。そこで、『未来哲学』で論じ切れなかったそれぞれの未来の哲学へ向けての思索を、思う存分に論じていただくべく、ここに別冊増刊号を刊行することにした。頁数の制約から、それぞれの論考の長さを制限せざるを得なかったが、寄せられた論考はいずれもそれぞれの思想が凝集され、きわめて密度の高い力作ばかりである。

本研究所は、西洋哲学に限らず、イスラーム、ロシア、インド、中国、日本、仏教、キリスト教などの幅広い研究者を集め、従来の「哲学」の枠にとらわれずに相互の対話による新たな問題の発掘に努めてきた。その活動を収めた『未来哲学』は、書店の「哲学」の棚でもいささか異質な趣きがあった。

今日でもなお、「哲学」というと、西洋哲学のことを意味し、西洋の哲学者たちの言説に基づいて平易に人生の知恵を説いた書物も少なくない。「世界哲学」の多様性を活かし、それらの対話を積極的に推し進めようという機運はまだまだ十分とは言えない。本研究所のエッセンスを一冊に収めた本増刊号は、今日の「哲学」の停滞に異議を唱え、人類の多様な知恵を結集しながら、まさしく未知なる未来へ立ち向かおうとする希望の書である。本書が異様な異端の書として捨て去られるのではなく、むしろ哲学の王道として認められるときに、はじめて本当に豊かな未来への展望が開かれてくるであろう。

二〇二四年八月に、西洋哲学の故地ローマにおいて、第二五回世界哲学会議（WCP）が開かれた。一九〇〇年に始まり、原則として五年ごとに開かれるこの会議には、数千名の研究者が世界中から集まり、西洋哲学だけに限られず、あらゆる地域のあらゆる哲学的問題が論じられる。私自身は退職後海外出張を控えているので、参加していないが、以前の大会では、仏教哲学部門の責任者として、論文の査読、プログラムの編成、当日の司会にも関わったことがあった。ただその時は、当日のキャンセル対応などにあたふたとして、他の部門の発表を聞き、交流する余裕が持てなかった。いま思うとはなはだ残念である。

次回の第二六回大会は二〇二八年に東京で開かれることが決まったという。この時こそ、西洋哲学に限られない世界哲学、未来哲学の新しい道が開かれることと期待したい。そしてその時には、先駆としての本研究所の活動が改めて見直されるであろう。そのためにも、研究所の精髄を詰め込んだ本増刊号を繰り返し、味読していただきたい。

未来哲学研究所所長　末木文美士

二〇二四年八月

目次

未来哲学別冊　哲学の未来／未知なる哲学

I 可能性の鍵

目次

未来哲學の発展に寄与する「キリスト教神學」の方途

——徹底的に「相手」を大切にする体当たりの生き方を究めること

II　未知なる対話

Ⅲ　未来と縁起

装丁＋造本デザイン＝寄藤文平＋垣内晴（文平銀座）

序章

知性について

——未来の哲学のための課題素描

納富信留

未来の哲学へ

未来の哲学を考えること、これが私たちの課題である。

では、それは未来のいつかに存在する哲学のあり方、を考えることなのか（これをタイプAとする）。あるいは、未来について考える今の哲学のあり方、を考えるものなのか（タイプBとする）。あるいは、そのどちらもなのか。

まず、タイプAを考えよう。未来にも哲学の営みが存続し、私たちに必要とされているのであれば、それは現在の哲学とは大きく異なるものとなるかもしれない。現在、世界の各地で営まれている「哲学」と呼ばれる活動は、過去にそう呼ばれた活動とは大きく異なっており、さらに未知の活動へと変わっていくはずである。哲学は一つの固定したあり方ではなく、地域や文化に応じて多様であり、かつ時代によって変容する。自己のあり様が変容するとは、すでにそうある自身ではなくなることであるが、前もってどんな自分になるか、自身では予測できない。それは完全にコントロールもできないような、まったく新しい一回きりの経験となるのである。

そうだとしたら、未来の哲学がどうなるのか、哲学がどのように変容していくのか、語ることは原理的にできないか、あるいは、語ったとしても、その予期や計画がその通りになる保証はまったくないことになる。それでも私たちは未来の哲学を考え、語るべきなのか。何のためにそうすべきなのか。

では、タイプBのように、未来のこと、私たち人間や社会や自然や宇宙がこの後どうなるのかについて考える、現在の営みはどうか。限りなく多くの要因を捉えて正確な予測をすることは不可能だとしても、シミュレーションによって未来の世界のあり方を検討することは、科学技術によってある程度は可能になっている。だがそれは、純粋に未来の姿を知ろうとする態度からではなく、現在から将来にどう行動することで、未来がどうなるかを計算し、警戒し、現在のあり方を変えるためであろう。地球温暖化への対策や、地域的な人口減少と地球規模の人口増加、それに伴う食糧・水・エネルギー不足への対応といった未来図である。では、そのように未来を考えることは、自然科学や社会科学に属することであって、哲学に役割はないのだろうか。

タイプAとタイプBとは、概念的には別のものであるが、交錯して一つのものとなる可能性もある。どれほど異なったものであっても、未来の哲学は現在の哲学の延長線上にある。また、現在の思考はその都度、未来に向けられているはずである。そうである以上、未来を扱うのはあくまでも現在の哲学であり、私たちはそこに定位しながら未来という方向を見据えて語っていくべきではないか。

未来の哲学が可能であるとしたら、未来に向けて開かれた現在という私たちのあり方を反省しつつ、現在を変えることで未来に向かう、その覚悟と主体的な態度においてであろう。言うまでもないが、人間の知性はすでにあるものの分析には優れ、過去を反省する能力に長けている。ベルクソンが指摘したように、知性は後向きである。だが、これから生まれるもの、未来にあるものに関わることには慣れておらず、原理的に不得意でさえある。そのため、哲学はこれまで分析し批判する作業に従事し、なにかを総合し生み出すことから尻込みしてきた(1)。だが、未来の哲学は、哲学と人間知性が有するその限界を超える試みなのである。

人工知性AIという課題

現在、すでに重要な問題になっている「AI artificial intelligence（人工知性(2)）」は、私たち人間の未来に、より大きな関わりを持ってくる。ＡＩは身近なレベルでは私たちが個人的に使うコミュニケーション・ツールから、自動運転や医療診断技術など、あらゆる場面で利活用が進んでいる。大きなレベルでは地球環境への対応や、感染症をはじめとする公衆衛生にも使われることで、人類に恩恵をもたらしてくれると期待される。他方で、ＡＩを搭載した自動軍事兵器の開発も進み、一部実際に利用されており、こちらは人道的にも倫理的にも問題を抱えている。私たちの社会は、すでにＡＩの利用なしでは成り立たない段階に入っていると言ってよい[3]。今後、その重要性は飛躍的に大きくなるはずであるが、未来にＡＩと私たちの社会がどうなっていくのかは予測もつかない。

ＡＩの活用や制限、あるいは人間との共存や協働といった実用面に先立って、そもそも人工知性をどう捉えるか、ひいては、それと比べられる人間の「知性(intelligence)」とは何かを、一度徹底的に反省する必要がある。「人工知性」は、まずは人間知性を再現するように設計され、試行錯誤が繰り返された後で、次第に独自の進化を遂げてきた。今では人間の思考活動を単に量やスピードで凌駕するだけでなく、本質的に異なったあり方へと変わりつつあるという。それは当然の流れとはいえ、ここで人間の知性と人工知性との関係を整理して考える必要が生じるのである。

ただし、私はＡＩについて十分な知見を持つ専門家ではないので[4]、ここでは人間が「知性」をどう捉えてきたかを西洋哲学の伝統から振り返り、そこから未来の哲学への問題点を考察したい。

「知性」とは何か？

「知性（ギリシア語 nous, ラテン語 intellectus, ドイツ語 Verstand, 英語 intelligence, understanding）」の概念は、西洋哲学史において屈折した経緯で受け継がれ、人間のあり方を規定する最重要の役割を果たしてきた。また、「理性（ギリシア語 logos, ラテン語 ratio, ドイツ語 Vernunft, 英語 reason, rationality）」という概念もあり、「知性」との区別や位置づけは哲学史の主要な研究テーマであるが、ここでは差し当たり「知性」で代表させて論じる。まず、私が重要だと考える三つの問題点を挙げて、それらの検討をつうじて「知性とは何か」を考えていきたい。

(1)　人間の知性は、神的な知性、あるいは宇宙の知性と同型、あるいはその一部として扱われた。

(2)　知性の身体性・物質性が無視されてきた。

(3) 数学が普遍の言語とされ、人間知性の基本に置かれてきた。

問題点の検討に先立ち、西洋哲学の扱いについて一言触れておこう。人間に知や思考を司る能力があることは、さまざまな文化を通じて認められてきた。それが動物や他の存在と種別化する基準となることも、おおむね共通に理解されている。だが、世界の諸々の哲学伝統では、人間や知的能力について異なった捉え方がなされてきた。その中で、古代ギリシアから発展した西洋哲学において「知性」という概念が中心的な役割を果たし、今日の人間科学、科学技術ではそれを基本として人間と社会が論じられている。この概念を世界哲学史の視座で整理し、問題点を検討することが求められる。

実際、「知性、理性」という鍵概念のほか、「認識、知識、知恵、知覚、把握、理解、了解、記憶、想起、推理」等々の関連概念があり、日本語でも「知る、識る、悟る、分かる、解る、判る、覚える、憶える」など多様な語彙が使われている。「知性」として一括される人間の知的機能は実に幅広く、かつ複雑である。多様で異なる哲学の伝統を考慮する世界哲学が必要となる理由である。(5)

「知性とは何か」という問題は、AIと未来の人間を考える基本場面となると予想される。その考察のためには、世界哲学の視野で哲学史・概念史の徹底した見直しが必要となるが、以下では西洋哲学の伝統がどのような問題を孕んでいるかを、ごく大まかに素描するに止める。

神的知性を思考するギリシア哲学

「知性」にあたるギリシア語「ヌース（nous）」は、ホメロス以来「ノオス（noos）」という語で人間の知的機能を司どる心のあり方を表した。クルト・フォン・フリッツやブルーノ・スネルらの古典研究が論じたように、(6)それは「ノエイン（洞察する noein）」という動詞の機能を司どる魂の知的側面であるが、「プシューケー（魂）」のように死後に肉体を離れて存在するように語られてはいない。

ギリシア文化で人々が抱いてきた「ノオス」が、哲学において次第に独立の概念になった様こそ、古代哲学研究が明らかにすべき課題である。ホメロスの叙事詩でそれほど重要な役割を果たしていなかった「ノオス」が、次第に独立の哲学概念となる過程は、ざっと次のように整理できる。

前六－五世紀に活躍した詩人哲学者クセノファネスは、ホメロスらの人間的な神イメージを厳しく批判するとともに、自身が考える神のあり方を次のように歌った。「全体として見、全体として思惟（ノエイン）し、全体として聴く[7]」。その全体は「知性（ノオス）の思考で、苦労なしに、全てのものを揺する[8]」とされる。ここで重要なのは、真の神は「体躯でも思惟（ノエーマ）でもおよそ死すべき人間とは似ていない」という点にある。神の本質は「思惟」にあるとされ、その純粋性や絶対性が、人間との峻別によって際立たされたのである。この思索は、後に「知性」となる概念の成立場面として決定的に重要である。人間の心的能力としての思考をモデルに、その限界が厳しく批判される中で、絶対的で完全な「知性」として神が描かれるようになったからである。

この流れを受けて、前五世紀にはパルメニデスが「ある」と「思惟する noein」との一致を論じた[9]。さらに、アナクサゴラスは、一方でこの宇宙の万物は互いに混じって浸透し尽くして成立しているとしながら、他方で唯一まったく混じることのない存在として「ヌース」を立てる。万物を思考によって動かし秩序づけるヌースは、クセノファネスにおける「最も偉大な神」にあたる。人間の魂もそのヌースをごく一部ながら分け持つことで、宇宙の秩序に与り、それを理解すると考えていたようである。少なくともプラトン『パイドン』でソクラテスは、そのような原因の理解をアナクサゴラス説に期待していた[10]。謎が多いアナクサゴラスの「ヌース」理念であるが、プラトンやアリストテレスに批判的に受け継がれて、神、そして宇宙の中核に「知性」を置く西洋哲学の基本構図を生み出した。

その後も、プラトンやアリストテレスと違って物体にしか存在性を認めなかったストア派も、宇宙が即ロゴスであり神であるとし、人間はその一部であるがゆえにロゴスを持つ生き物として活動すると考えた。また、プラトン主義者は哲学の目的を「できる限り神に似ること」においたが、神にあたるプロティノスの「一者」に続いて、「知性（ヌース）」はそれが自身へと振り返って生じた第二段階に登場する。宇宙の魂、人間の魂はさらにその下の段階にくる。プロティノスはパルメニデスによる存在と知性との一致を参照しつつ、知性は万物のあり方であり、かつそれを認識する根拠とする。

ユダヤ教・キリスト教では、神が自身の似姿として人間を創造したと語られる。こういった創造論はギリシア文化にも共通するが、不完全なあり方をする人間、とりわけ魂の知的機能は、神をモデルとするとの見方が西洋文明の基調となった。

神的知性について

では、不完全である人間の知性がそれをもとに造られたという神の知性とはどのようなものか。これはイデア論の発想通り、既知のものから未知のものへの類比によってのみ捉えられる。いや、想像させられる。

人間の知性には、言語や記号を使って推論したり計算したりする推論的思考と、いわば全体を俯瞰的に把握する直観的思考とがある。そのどちらについても完全な思考としての神的知性が類推される。

まず、人間の思考は、複数の命題や数式を順序に則り連結させることで推論を行うが、それを辿るプロセスと時間とを必要とする。それに対して神的知性は、先後や順序はあるものの時間をかけることなく瞬間において思考がなされるはずである。また、人間が一定の範囲を見渡してそこに中心的なあり方を見てとる直観があるとして、神的知性は限界のない全ての範囲を一瞬に観取し、全体とその本源を完全に把握する。どちらの場合も人間が時間のうちに知性を働かせる、つまり一種の運動変化として知性を持つのに対して、神は永遠の中でいわば現実態（エネルゲイア）として知性を働かせるのであろう。

これらを対の関係で捉えようとしたのが、アリストテレス『魂について（デ・アニマ）』第三巻の知性論であろう。伝承テクストが不完全で理解困難な議論であるが、古代から中世にかけて、人間の魂で「受動知性」が働くために、離在する「能動知性」、つまり神があるという見方をもたらした。全知で永遠において真理を把握する神が、その能動知性にあたる。

西洋哲学のその後の歴史は、「知性」を次第に人間の側に限定し、能動知性を切り捨てながら、人間が認識の根拠を自身のうちに持つことの探究へと向かっていった。その到達点が、「理性」による認識の限界と基礎づけを論じたカントの『純粋理性批判』であった。哲学史を辿ると見えてくるその変化が、「知性」の役割と可能性とを著しく制限してしまったのではないかとは、坂部恵の洞察である[11]。

こうして西洋哲学でかつて唱えられた「神的知性」の理念を見ると、現代の私たちが「ＡＩがいつか人間の知性を超えるのでは」と怯えることが滑稽に見えてくる。人間知性が有限で不完全なものである以上、それを超える知性が生まれることは当然いくらでも予想される。ただし、ＡＩといえども神的知性と比べれば有限で、不完全であり、その意味では人間知性と同じレベルにある。

ここで、先ほど指摘した第一の問題点に向かおう。

人間知性への理解の限界

西洋哲学において、人間の知性は神的な知性の似像（エイコーン）、あるいはその一部として扱われてきた。現代の私たちはおそらく逆に、人間が自分たちの知性を神に投影し、いわば擬人化したという風に説明するだろう。だが、すでにクセノファネスに見られたように、神は単に人間的な知性を纏う存在ではなく、それをはるかに超えて、いわば完全なる知性そのものとして論じられた。現代において私たちが「知性」を捉えるにあたり、いわば完全知性との関係で、その一部、あるいは不完全な形態として理解してきた歴史が背景にあったのである。

神との対比で捉えられる人間には、負の側面が強調される。永遠において全てを瞬間に完全把握する神の知性と比べて、人間には時間をかけた過程において誤りを犯しつつ結びつけていく。その限界と不完全性は人間存在の制約であり、さらにいえば、身体を持つ存在が被る時間や物体の有限性である。

だが、この伝統的理解が現在の知性、ＡＩの議論にも深甚な影響を及ぼしていると考えられる。それが第二の問題点、すなわち、知性の身体性・物質性の無視である。西洋哲学が知性や精神を重視するあまり、身体を有する人間の日常のあり方を看過してきたというのは、とりわけ二〇世紀に加えられた痛烈な批判であった。ニーチェからメルロ＝ポンティまで人間と身体の復権が図られ、知性よりも感性に目が向けられる傾向があった。

身体性や物体性を持たない神をモデルにする完全知性が、一切の物体的制約を受けずに無限の思考を無時間的に展開できるとされたのに対して、実際の人間知性はそれら全ての制約を本質として纏っている。それを切り捨てて、あたかも無かったかのよう考えることは不可能である。

人間が脳などの身体器官で働かせる知性は、時間においてエネルギーを消費しつつ活動する。言ってしまえば当たり前であるが、人間の知性は、その担い手である身体、とりわけ脳に制約されている。容量や速度や持続性は有限であり、さらに内外からの阻害に曝されている。人工知性はその制約からの解放を試みるものとも言えるが、それとて身体性、物体性から脱却はできない。

人間は進化の過程において、他の生き物と比べて非常に大きな脳を発達させることで、その能力を身体において発揮することができるようになった。大きな脳はさまざまな疾患や脆弱性を伴ったとはいえ、それを凌駕する生存競争でのメリットを人間にもたらしてきた。他方で、忘れられがちであるが、脳のエネルギー消費は極めて大きい。人間の脳は大体一二〇〇－一五〇〇グラムであるが、身体全体で二〇－二五パーセントのエネルギーを消費していると言われる。つまり、大きなエネルギーを注ぎ込むことで働かせているのが人間知性なのである。そのため、人間には睡眠や休養が必要となる。[12]

他方で、人間知性をモデルに設計された人工知性は、人間の身体機能や制約を取り除くことで、あたかも純粋に知的活動ができているように見えるかもしれない。確かにＡＩは人間の身体のような制約は少なく、少なくとも睡眠や休養や食事は必要ない。だが、ＡＩを動かすノイマン型コンピュータはトランジスタやダイオードから作られており、それを稼働するためのエネルギーも決して無視できない。近年では巨大なデータをやり取りする超大型コンピュータなどＩＴ機器を動かすために、全世界で膨大なエネルギーが消費されており、その必要量はどんどん大きくなっている。ＡＩは有限な地球資源を大々的に消費することで活動するのである。

コンピュータとＡＩも身体や物体を持たない神的存在ではなく、人間とは違うとはいえ、やはり物体と時間の制約において動いている。計算がどれほど速くなり、思考の容量がどれほど大きくなっても、それは人間の知性活動と同様の制約下にあり、原理的には神的知性の境位に達することはない。もしかしたら、スピードや容量が飛躍的に増えることが思考の質自体を変えてしまい、もはや人間知性とは全く違うものとなるのかもしれないが、それでも神的知性とは異なるのである。

人間化する人工知性

人工知性がＡＩの名で人間社会の一部として働く時、そもそも私たち人間と切り離された独立の存在として進化し、能力を発揮させることが目論まれているのではない。あくまで人間と協働しつつ、人間の生を補完する役割が期待されていると、まずは言えるだろう。とりわけ、人間の脳とコンピュータを繋ぐＢＭＩ（Brain Machine Interface）の試みでは、そもそも人間の活動を拡張することが目指されているのである。

そのためＡＩには、人間には普通にできるのに現在のコンピュータではできないさまざまな能力が求められ、科学者はその開発に打ち込んでいる。人間にできることがＡＩにもできて欲しい、できるべきであるという発想は、それ自体が妥当かを改めて問われるべきである。だが、人間的なＡＩを開発するにあたっての現在の関心は、人間が理解する「意味」をＡＩがどのように身につけるのか、そして「意識」を持つのかという問いに向けられている。研究者には、ＡＩが「意味」を理解するには人間のような感覚や身体が必要だと論じている者もいるという。興味深いことに、人間をモデルに造られ始めた人工知性は、人間をはるかに超えて、人間が理解できない仕事をすることよりも、むしろ人間と同じ、いやまさに人間が人間であるそのあり方を実現しようとし、いわばより人間になるように苦労しているというのである。

人工知性に必要なものが身体性や感性や経験であるとすると、それはこれまで純粋に計算や情報処理の技術として扱ってきた「知性」そのものを見直すことになる。西洋哲学は知性を重視して感情や感性を軽視したとしばしば批判されるが、知性の働きそのものにそれらの基盤が必要であったことが分かるからである。

これはおそらく、西洋哲学の伝統において知性の本質が数学に置かれてきたという、第三の問題点に連動する。知性を強調して幾何学を用いて自然科学を打ち立てた近代哲学の背景が、プラトン主義、とりわけピュタゴラス派の数学的存在論にあったとすると、そこで前提された数学こそ普遍の言語だとする見方が問い直される。人間知性の一つの本質が数学的な思考にあるというのは、西洋哲学が発展した強みである。だが、それが唯一の型であるか、また、有効性がどこまであるのかが吟味に付されるべきであろう。

パスカルが『パンセ』で「幾何学の精神」との対比で「繊細な精神（L'esprit de finesse）」の大切さを論じた。日本でも、三木清がパスカルを元に「人間」を考察する人間学を打ち立て、構想力によるロゴスとパトスとの統一を目指したことが思い起こされる。それらは、数学という知性の典型から外れる、別種の知性の働きを求める哲学であると考えられるからである。今日求められている「人文知、総合知、身体知、実践知」を含めて、知性のあり方の再考が必要である。

他面で、ＡＩの進展は私たち人間の知性そのものを問い直す契機にもなる。ChatGPT など現在の会話型ＡＩ[13]（Conversational AI）が、膨大なデータから単に定番の回答を選ぶだけであるにもかかわらず、私たちは人間的に感情を持って言葉をやり取りしているかのように感じられる。逆に言えば、私たちが心を持って知性で交わしていると信じている人間同士の会話も、実は機械的なパタンに過ぎないものかもしれない。改めて知性とは何かが問われる。

進化における知性とその可能性

最後に、人間の知性が、たとえばアリストテレスらギリシア哲学者たちが前提したように人間存在の不変的な本質であるのか、それとも、知性そのものが歴史において進化してきたのか、という問題を考えたい。

ここではむしろ、人工知性ＡＩが現代において技術と共に進化してきたことが参考となるかもしれない。基本的な計算機からコンピュータが発展してきたのは、それほど長い期間ではない。だが、その過程で、たとえば深層学習（ディープラーニング）の導入により飛躍的な進歩が見られ、ＡＩそのものの質が変わってしまった。それは知性が進化するプロセスを示している。

人間の知性が働く脳についても、おそらく生物進化の歴史において幾つかの非連続的で不可逆的な変化が起こり、それを経て今日の知性にたどり着いたと考えることは妥当であろう。そうした認知科学の研究では、人間が「直観的理性」と「熟慮的理性」という異なる二種の心的機能を発達させ、とりわけ後者が人間進化に独自の要素であったと考えられている。[14]

だが、人間知性が普遍性・絶対性からスタートするものではないとして、つまり、進化論的な発展を辿ってきたとしても、だからと言って場当たり的な人間限定の機能であると考える必要はない。進化の過程が、結果として反省と批判という機能を得ることを通じて普遍性を志向することは、十分に可能だからである。無論、人間が持つ知性が一面的で、一つの限定的な実現であると認識することは重要であり、とりわけ人間が地球規模で引き起こしている数々の問題場面で、その自覚は必須となる。だが、人間が生物進化において生存に適した能力として「知性」を発達させたというプラグマティズムの見方は、それゆえに人間知性は偏っているとか、普遍的な真理を対象とするものではないとか、そういった結論は導かない。知性にとって決定的に重要な契機は自己認識と反省にあり、それらを通じた可塑性をもって普遍性に開かれているからである。

ここで、前一世紀頃の懐疑主義者アイネシデモスが定式化し、セクストス・エンペイリコスらが伝えて近代にも大きな影響を与えた「懐疑主義の一〇の方式」を取り上げてみたい。その第一の方式では、他の動物との比較で人間の認識そのものを相対化する視点が明示されている。[15]

第一の方式とは、動物相互の違いのために同じ事物に対して同一の現れ、つまり表象が感取されない、という議論である。動物はさまざまな形態や能力や身体構造を持っているが、人間と異なる身体構造をもつ動物は、おそらく人間とは異なる世界の姿を認識するはずであり、同じような表象は得ていないことが推論される。これは、同じ人間でも身体の形状や状態が変わると見え方が変わるという事実から類推される。また、非知性的な動物に生じる表象より人間の表象を優先させるべきだ、と証明はできない。したがって、人間が把握すると考えている存在のあり方は、自然本来のもの、真理であるとは言えず、判断保留（エポケー）することになる。

懐疑主義のこの議論は、人間の認識が有限で偏向している可能性を示すことで、普遍的な真理を認識するとの思い込みから距離をおかせる。だが、ここで重要なのは、人間が発達させてきた知性が人間知性そのものの限界をそのように捉え、批判しながら自己の絶対性を退けているまさにその点である。こうして反省的に自己を捉えることが、否定を通じて普遍性を保証していく。したがって、進化論的な知性観がもし基本的に正しいとしても、人間知性が誇る真理把握の可能性は排除されえない。それらは、むしろ両立するのである。

現代科学の知見を踏まえれば、人間知性の進化は普遍性と真理へと向かってきた。哲学は、プラグマティズムと懐疑主義からそのことを示してくれる。

まとめ

私たちは世界哲学の視野で、人間知性とはどのようなもので、どのような制約があり、どのような可能性があるかを根本から考え、さらにＡＩとの関係でそれを反省的に発展させるべきである。ＡＩという人工知性を考えることは、むしろ人間知性について私たちが抱いてきた数々の誤解を解くことにつながるかもしれない。私たちが従事すべきは、どのようなＡＩを作り、それをどう社会で実装していくかという実用的課題よりも、むしろ私たち自身、その知性が一体どのようなもので、その可能性がどこにあるのかを改めて徹底的に考える哲学ではないか。

これが、私が考える未来の哲学の一つの課題である。

注

(1) 納富信留「つくる哲学に向けて——ソフィストと哲学者の間再考」『現代思想』二〇二二年八月号を参照。

(2) 通常は「人工知能」と訳されるが、ここでは哲学概念との繋がりを意識して「人工知性」とする。指示対象は同じである。

(3) ＡＩにまつわる倫理については既に多くの議論が出ているが、世界哲学的な視野からの考察では師茂樹「ＡＩ・仏性・倫理」『未来哲学』創刊号、二〇二〇年がある。

(4) この主題では数多くの本が出ているが、原理的な基礎考察として、鈴木貴之『人工知能の哲学入門』勁草書房、二〇二四年がある。

(5) 世界哲学については、納富信留『世界哲学のすすめ』ちくま新書、二〇二四年を参照。

(6) Kurt von Fritz, 'ΝΟΟΣ and Noein in the Homeric Poems', *Classical Philology* 38, 1943; 'ΝΟΥΣ, Noein, and Their Derivatives in Pre-Socratic Philosophy (Excluding Anaxagoras)', *Classical Philology* 40, 1945. B・スネル『精神の発見――ギリシア人におけるヨーロッパ的思考の発生に関する研究』新井靖一訳、創文社、一九七四年、第一章などがある。

(7) セクストス・エンペイリコス『学者たちへの論駁』9.144－DK 21 B24－LM XEN. D17.

(8) シンプリキオス『アリストテレス『自然学』注解』23.20－DK 21 B25－LM XEN. D18.

(9) DK 28 B3－LM PARM. D6 が典拠だが、解釈には議論がある。

(10) プラトン『パイドン』97B-99D 参照。

(11) 坂部恵『ヨーロッパ精神史入門――カロリング・ルネサンスの残光』岩波書店、一九九七年、特に第八、一二、一八講を参照。

(12) このあたりの議論は、紺野大地・池谷裕二『脳と人工知能を繋いだら、人間の能力はどこまで拡張できるのか――脳とＡＩ融合の最前線』講談社、二〇二一年を参照した。

(13) 通常は「対話型ＡＩ」と訳されているが、「対話」ではなく「会話」である。

(14) 生物進化において知性の起源を探る議論は、網谷祐一『理性の起源――賢すぎる、愚かすぎる、それが人間だ』河出ブックス、二〇一七年がある。

(15) 資料と解説は、Ｊ・アナス、Ｊ・バーンズ『古代懐疑主義入門――判断保留の十の方式』金山弥平訳、岩波文庫、二〇一五年、第四章を参照。

日本哲学の未来

中島隆博

はじめに

最近、いくつかのご縁をいただいて、東京に滞在している中国の方々と交流をするようになった。そのなかに、国際的に活躍している経営者がいて、東京そして日本にいると心から落ち着くとおっしゃっていた。その上で、「日本には中国の過去と中国の未来があります」とつぶやかれた。にわかにはその意味がわからなかったので、少し敷衍してお話しいただければとうかがい直したところ、次のようなことをおっしゃった。すなわち、「たとえば京都や奈良に行くと、これらが中国の首都をお手本にしたことがよくわかります。ところが、その後の社会の進展は、中国と日本では大きく違ってきました。中国にありえたかもしれない過去が日本にはあるのです。同様に、近代化以降、中国と日本は異なる道を歩んできました。現在の日本を見ると、そこにこれからの中国の未来があるのではないかと思うのです」。

この言葉を聞いて、しばらく考えこんでしまった。その方が日本に好意を持ってくださっていることを割り引いたとしても、日本の過去から現在そして未来へと向かうありかたは、日本の外の人々に、意識しようがしまいが、何らかの形で関与しているのではないか。そうであれば、日本がどうであったのか、どうであるのか、どうなろうとしているのかを言葉にして伝えることには、重要な責任があるのではないか。

一　ロバート・ベラーの晩年

そう考えているうちに思い出したのが、故ロバート・ベラーのことであった。ベラーとも、ふとしたご縁で、その最晩年の一時期を一緒に過ごすことになった。『徳川時代の宗教』(池田昭訳、岩波文庫、一九五七年)を手に取った方もいらっしゃるかと思うが、若い時は、日本を対象とする宗教社会学者であった。マックス・ウェーバーの翻訳でも知られるタルコット・パーソンズの学生であったベラーは、師のパーソンズ同様に社会主義に影響を受けていた。そのためにマッカーシズムのもとで辛酸を舐め、カナダのマギル大学に亡命のような形で移らなければならなかった。ウェーバー流の近代化論で日本の宗教を分析したために、丸山眞男に手厳しく批判された。丸山は、「ベラーの書物は相変らず輩出するアメリカの日本研究書のなかで、私の貪欲と『闘志』をかき立てた久しぶりの労作であった」（丸山眞男集第七巻、一九五七—五八年、岩波書店、一九九六年、二八九頁）と述べていたのであった。しかし、その後丸山とは無二の盟友となる。徐々にアメリカ社会の社会学的分析に移行し、そこで発表されたのがアメリカ市民宗教論であった。それは、独立宣言、アメリカ憲法、リンカーンの演説等から形成されたもので、アメリカ社会の背骨をなすとされたものだ。それに基づいて、ベラーが行ったのは反ベトナム戦争の活動であった。

その碩学と思いもかけず遭遇したのが、二〇一一年十一月に香港城市大学で行われた「心の習慣」シンポジウムにおいてであった。ベラーは一九二七年生まれなので、その当時は八四歳であったが、大変にお元気であった。このシンポジウムはタイトルからして、ベラーの主著の一つである『心の習慣——アメリカ個人主義のゆくえ』（島薗進・中村圭志訳、みすず書房、一九九一年）に捧げられていた。印象に残ったのは、「中国において市民宗教は可能でしょうか」という問いへの、ベラーの回答であった。それは、「市民宗教が可能なのは民主的な社会においてです」というものであった。ちょうどその頃、陳明（ちんめい）を中心に儒教を市民宗教として再定義しようとする動きが中国で登場していた。それを知ってか知らずか、ベラーは市民宗教と民主主義を堅く結びつけようとしたのだった。

その翌年二〇一二年秋にベラーの日本招聘が実現した。その成果の一部は、ロバート・N・ベラー、島薗進、奥村隆編『宗教とグローバル市民社会——ロバート・ベラーとの対話』（岩波書店、二〇一四年）に収められているのでご覧いただきたい。よく覚えているのは、二〇一三年の七月に立教大学で出版の打ち合わせをした日のことだ。実はまさにその日に、ベラーが亡くなっていたのである。衝撃を受けるとともに、前年に無理をして日本への招聘を実行したことが、ひとつの奇跡であったと思い直した。

二〇一二年来訪の際に、わたしはベラーとできるだけ多くの時間を過ごそうと考えていた。オバマ大統領が再選を迎えた年で、共和党のロムニー候補とテレビ討論を行い、劣勢に立たされていた。それを見たベラーは烈火の如く怒り、オバマ大統領に奮起を促していた。ベラーの目には、アメリカ社会の希望は若者にあり、その思いを代弁してくれるのはオバマ大統領しかいないと映っていたのだ。

その感情の昂ぶりのなかで、ベラーがわたしに語ったのは、日本の世界に対する責任であった。ちょうどオバマ・ケアが話題になっていたこともあって、日本の医療が皆保険制度であることを高く評価し、なぜ日本はこれほどまでに豊かな国になっているのに、自分たちの社会を支えている制度やものの考え方を世界に向かって発信しないのか、発信する責任があるのではないか、と激しくわたしに詰め寄った。さらに、丸山眞男に言及して、丸山は日本の過去の経験からファシズムの一般理論を作り上げ、それをマッカーシズムに適用し、アメリカのファシズムと定義する貢献を行ったが、いったい丸山の後、どのような貢献を日本から世界に果たしたのかとも尋ねてきたのである。

その場で、わたしがベラーに適切な応答をすることは、残念ながらできなかった。自らの力不足に恥じ入るほかなかったのである。しかし、ベラーの問いは、その後のわたしにとっての大きな宿題になった。それ以前も、中国哲学との比較が主ではあったが、日本哲学を少し取り上げて論じていたことはあった。しかし、いつかまとまった形で、日本哲学を論じて、その限界と可能性の両方を世界に向かって問うことが責務だと考えるようになっていったのである。

二　『日本哲学原典資料』という出来事

実は、ベラーに香港で会った少し前の、二〇一一年七月に、東京大学教養学部にあるUTCP（共生のための国際哲学研究センター）において、James W. Heisig, Thomas P. Kasulis, and John C. Maraldo eds., *Japanese Philosophy: A Sourcebook*（Honolulu: University of Hawai'i Press, 2011）の発刊記念の会議を行っていた。『日本哲学原典資料』とも翻訳できるこの本は、一三六〇頁もの大作で、その後の海外での日本哲学研究の文字通り礎となったものだ。スペイン語にはしばらくして翻訳された（二〇二〇年）。

問題はこの大作に対して、日本においてはほとんど反響が聞こえなかったということだ。そこには二つの厄介な背景がある。一つは、日本における哲学と思想の分離だ。一般的には、近代以後の日本の哲学的営為は哲学と呼ばれるが、前近代については思想もしくは宗教として論じられる。右の『日本哲学原典資料』のように、十七条憲法以降の日本哲学を扱おうとする試みに対しては、日本の前近代を思想もしくは宗教として扱ってきた伝統、それも十九世紀以降の伝統が抵抗を見せるのである。もう一つは、前者と連動しているのだが、日本哲学を研究する研究者の数が、日本の国内では少なく、海外の方が圧倒的に多いという落差である。そのために、日本哲学に関して、国内外での対話がなかなか進んでいかない。日本哲学は大変複雑なレイヤーからなっているので、少なくとも、中国哲学、インド哲学、ヨーロッパ哲学、イスラーム哲学等との比較や突き合わせが必要なのだが、それが十分には展開しないのである。

この二つの背景は構造的なものなので、すぐにどうこうできるものではない。たとえば、海外で日本哲学を研究しようという若い世代がいるとして、いったい日本のどこで学べばよいのだろうか。近代以降の日本哲学であれば、京都大学の日本哲学史専修がある。これは、学部では哲学基礎文化学系のなかに置かれていて、哲学専修や倫理学専修と並び立っているところが画期的である。ただ、ここは上原麻有子が教授としておひとりで切り盛りされているのが実情だ。前近代まで見据えると、東北大学の日本思想史研究室がある。これは日本学専攻の日本文化学講座のなかに置かれていて、依然として哲学倫理学講座とは別立てである。東京大学に関してはあまり書くこともないが、日本哲学に関係しそうな教員が、倫理学、宗教学、中国思想文化学、インド哲学・仏教学、学際日本コース論、アジア・日本研究コースに分散しているばかりである。それでも、国際日本研究もしくはそれに類似した名称で、いくつかの大学や研究機関が日本哲学を展開しているので、それらをうまく繋ぐことができれば、新しい可能性が生じる余地はありそうではある。

三　拙著がなそうとしたことと限界

さて、日本哲学に関して、わたしが取り組んでいる、もしくは取り組んでいたことを紹介しておきたい。いずれも日本哲学の未来に少しは関係すると思われるものである。

まずは、すでに刊行したものではあるが、中島隆博『日本の近代思想を読みなおす　1哲学』（東京大学出版会、二〇二三年）を通じて、近代の日本哲学が読解される文脈を広げることを試みてみた。たとえば、女性の哲学者という言い方自体が本来はおかしなことなのだが、日本哲学に関わった人たちはどうしても男性が主であった。レベッカ・バクストン、リサ・ホワイティング『哲学の女王たち──もう一つの思想史入門』（向井和美訳、晶文社、二〇二一年）が話題になったが、日本からは本編の二十名には名前があがらず、巻末のリストに石黒ひでが登場するだけであった。それもあって、拙著（『日本の近代思想を読みなおす　1　哲学』）では三名の女性の哲学者を取り上げた。西田幾多郎の姪であり、東北大学の高橋里美のもとで学び、スピノザで論文を書いた高橋ふみ、そしてジンメルやハイデガーの研究者でもあった北川東子、さらに『14歳からの哲学――考えるための教科書』（トランスビュー、二〇〇三年）で鮮烈な光を放った池田晶子である。物故者を取り上げることを原則にしたために、石黒ひでを取り上げることはできなかったが、そのライプニッツ論を軸にしながら、いずれ本格的に論じてみたい。

拙著が広げようとしたもう一つの文脈は、日本哲学と中国哲学、そしてインド哲学との連絡である。近代ヨーロッパ哲学の受容が機軸にあることは当然ではあるのだが、近代の日本哲学はそれを中国哲学由来の諸概念をあらたに利用し直すことで、近代ヨーロッパ哲学の翻訳もしくは文化移植を行う一方で、中国哲学それ自体をあらたに創造し直したのだ。そして、その近代的な中国哲学における儒教理解が、近代的な神道理解と結合することで、戦前の国体イデオロギーを形作っていった。また、インド哲学との連絡においては、ウパニシャッドに代表される仏教以前のインド哲学に向かうことで、仏教の哲学化の基礎を築き、日本仏教の哲学化を導き出すことにもなった。

拙著の特徴の最後に指摘しておくべき文脈は、京都学派に偏りがちな近代日本哲学叙述に対して、「東京学派」の意義を強調したことである。その意義は、京都学派と同様に、光と影の両者があり、戦前の東京学派は京都学派以上に政治に密着する一方で、戦後の東京学派は京都学派を哲学的になんとか乗り越えようと苦闘した経験を有した。

以上のような広い文脈化をすることで、近代日本哲学に新しい見方を提供しようとしたのではあるが、書き終えてからあらためて考え直すと、課題もまた見つかる。そのひとつが、近代以前の日本哲学との入れ子状になった構造を、もう少し踏み込んで書くことができなかったかということだ。たとえば、トマス・カスリスは、アルフレッド・ノース・ホワイトヘッドが「ヨーロッパの哲学伝統のもっとも安全な全体的特徴は、それがプラトンへの注釈のシリーズであるということだ」（『過程と実在』原著出版、一九二九年）と述べたことを援用しながら、「日本の哲学伝統のもっとも安全な全体的特徴は、それが空海へのリフ〔繰り返される音楽のフレーズ〕のシリーズである」（トマス・カスリス『日本哲学小史』ハワイ大学出版会、二〇一八年、一三七頁）と述べていた。井筒俊彦を論じた際に、その空海論を取り上げることはできたのだが、その他にも、南方熊楠と対話を継続していた土宜法龍や、『意味の変容』（筑摩書房、一九九一年）の著者でもある森敦など、空海を演じ直した人々にも踏み込んで言及すべきだったように思う。もちろん、空海以外にも、道元や日蓮、法然や親鸞、伊藤仁斎、荻生徂徠、あるいは本居宣長たちへのリフもまた、近代日本哲学の空間には鳴り響いていた。大きな課題である。

もうひとつ残してしまった大きな課題は、近代日本哲学とヨーロッパ哲学との対峙を、より強度の高い次元で書くというものであった。ベラーから、近代日本がドイツ観念論とマルクスを、ドイツ以外の地域ではもっとも精力的に受容したことの意味は重要だと繰り返し聞かされていたのだが、新カント派やヘーゲルそしてマルクスの一部に言及したにとどまり、ドイツ観念論とマルクスへの脱構築的な読解の水準を十分示すことができなかったことは心残りであった。たとえば舩山信一の「人間学的唯物論」のような試みが念頭に浮かぶが、それについては『日本哲学原典資料』のなかで論じてはいたのだが、拙著に取り込んでもよかったのかもしれない。

四　トマス・カスリス『日本哲学小史』の意義

以上のような課題に対して、自ら論考を書く以上に重要だと思っているのは、すでにそれをある程度実現している著作の紹介である。実は、拙著刊行以後にわたしに求められているのは、二つの英文の大作の翻訳と解説を世に問うことである。自らの菲才はもはや仕方のないものだが、それに加えて諸般の事情で、時間がどうにも取れず、なかなか進んでいかないのが困ったことだ。余談ではあるが、若い時期に翻訳をしてみるのは、外国語の習得に役立つ以上に、日本語の概念を鍛え直すために必要であり、学ぶことが多いと思っている。

その二つとは、ひとつが、トマス・カスリス『日本哲学小史』（ハワイ大学出版会、二〇一七年）であり、もうひとつが、ブレット・デービス『日本哲学とは何か』（オックスフォード大学出版会、二〇一九年）である。

カスリスの著作は、『日本哲学原典資料』の姉妹本で、どちらのデザインも和綴じ本風になっていて、並べてみると実に味わいがある。カスリスとは二十年来の友人であり、話すたびに深い啓発を受けるのが、本当にありがたい。先ほどの拙著でも、田辺元の章を書くときに四苦八苦していて、「種の論理」から「懺悔道」への「転向」がどうしても腑に落ちなかった。とりわけ、「種の論理」と「懺悔道」を支えている思考構造自体は変わっていないように見えたために、カスリスにそのことを尋ねたところ、その可能性があることを丁寧に返答してもらった。

　さて、この『日本哲学小史』であるが、英語の原題は *Engaging Japanese Philosophy* であって、「日本哲学へ関与すること」である。それはこの著作の態度を実によく表している。つまり、土質の分析者が土に対して行うように、日本哲学を単なる分析対象として取り上げ、その思考構造を、「距離を取って」記述するのではなく、陶工が土のことを知っているように、親密な仕方で日本哲学に入り込み、行為遂行的にそれを叙述するという態度なのだ。それは、カスリスが取り上げる、聖徳太子から坂部恵に至る日本哲学の思索者たちが取り続けた態度でもある。そのために、この「関与された知」は入れ子状の構造になっているのだ。

　この著作は七百頁を超える大作だが、「小史（*A Short History*）」と題されている。水戸学の『大日本史』は *Great History of Japan* と英訳されているが、こちらは多くの学者が関与し、二百年以上かけて作り上げたものだ。ひとりの著者が日本哲学通史を書き切るということが、どれだけの偉業であるのかがよくわかる。

　せっかくなので、空海が室戸岬の御厨人窟（みくろど）で修行をし、悟りを開くシーンを、カスリスがどのように叙述しているのかを見ておこう。

　夜も更けたころ、一人の若い男が海辺の洞窟で瞑想していた。海に背を向けて座っている。波が海岸にぶつかり、その音が洞窟の壁にこだましていた。その男は音に包まれている。お香のかおりが、かび臭い空気に満ちる。洞窟は四国の荒涼とした土地にある。そこは日本の洗練された学問と文化の中心から遙か離れた島である。その男は目を閉じて、足を蓮華座に組み、虚空蔵菩薩の姿を観じている。その胸は満月のイメージで光り輝き、真言の言葉がほとばしっている。駆け出してではない。その男が座ること堅固であり不動であって、まるで懐胎された石の子宮のようである。乾いた唇が動く。洞窟は、真言の低い音と海の響きが一緒になって、共鳴している。男の指は数珠を打ち、真言を唱えた数を数える。百日間、一日一万回、百万回唱えるまでだ。一回終わると、男は少しの間休んで、再び始める。足を伸ばし、洞窟から海を見る。まだ昇っていない太陽からの光が、雲一つない青い空に輝く。波はやむことなく押し寄せる。光に合わせて、その男の目が動き、目の前の地平線を見渡しているようだ。空と海を分かつ不分明な地平線である。後に、法名をつけるときに、それを空海としたのである。その男は、弘法大師という、宮廷に与えられた諡号でも知られている。

（『日本哲学小史』一〇一頁）

人によっては、より文学的に聞こえるという意見もあるだろう。しかし、哲学は物語ることと切り離すことができないし、物語がわたしたちの認識の仕組みにまで入り込んでいることを考えるのであれば、カスリスのこのような叙述は、空海となって空海を物語るという哲学的営為なのだ。

　カスリスは、リトアニア系の家庭で米国において育った。家庭の内にある文化と、家庭の外にある文化との差異に、小さい頃から敏感であったようで、イェール大学の哲学科で学士を取った後、ハワイ大学で修士課程を終え、再びイェールに戻り、博士号を取得している経歴でもわかるように、西洋哲学と日本哲学を同時に修めている。この両修によって、海外の日本哲学研究の強度があげられているように思われる。

五　ブレット・デービス『日本哲学とは何か』が開くもの

　このカスリスの両修は、次のブレット・デービスにも当てはまる。デービスはトリニティー大学で哲学の学士を取った後、ヴァンダービルト大学の大学院で哲学の修士号と博士号を取得する一方、大谷大学、京都大学に留学している。京都大学では上述した日本哲学史専修の博士課程第一期生として学んでいた。現象学やハイデガーを研究する一方で、近代日本哲学を研究するという、やはり両修を実践している。

　そのデービスが責任編集として刊行したのが、『オックスフォード　日本哲学への手引き』（オックスフォード大学出版会、二〇一九年）である。その百頁近い序文をデービスが書いており、それが「日本哲学とは何か」であり、それを翻訳して出版しようというのである。その前に、この『オックスフォード　日本哲学への手引き』について確認しておくと、三十名以上の著者や訳者が関わっており、第一部「神道と日本哲学思想の総合的性質」、第二部「日本仏教の哲学」、第三部「日本儒教と武士道の哲学」、第四部「近代日本哲学」、第五部「日本哲学思想における広範なトピック」といった五部編成からなる。これもまた、聖徳太子から始まっているが、鷲田清一まで延びていて、より広範な範囲をカバーしている。

では、その序文の「日本哲学とは何か」は何を問題にしているのか。それは、十八世紀から十九世紀にかけてヨーロッパで構成されたヨーロッパ中心主義、もしくはヨーロッパ独占主義の哲学観を批判し、日本哲学の可能性を広げようとすることだ。

今日の多くの日本の哲学者は、明治以前の言説を哲学と呼ぶことを拒むことで、西洋における、より保守的な同僚たちのヨーロッパ中心主義的、さらにはヨーロッパ独占主義的な哲学理解を反復し続けている。他方で、西洋において、特に米国において、「純粋哲学」は西洋の伝統とその近代的な派生にのみ見出されうるという横柄な態度は、ますます擁護しがたいものとなっている。これは単に、ポストコロニアル的な批評家や、その数が増えつつある非西洋的伝統を研究した（あるいはただそれに十分な仕方で触れたことのある）哲学者の間にだけ当てはまる事柄ではない。より広く、西洋の伝統に対する解釈学的、脱構築的、系譜学的アプローチで訓練を積んだ大陸の哲学者や、厳密な議論が非西洋的伝統においても見出されることを発見した、ないしはそのことを認知させられた分析哲学者の間においても、やはり同じように当てはまる事柄なのである。哲学のヨーロッパ独占主義が擁護しがたいのは、他の伝統と同様に西洋の伝統においても文化的・言語的特殊性の完全なる超越が達成されないからというだけではない。加えて、西洋以外の伝統がそれ自身のやり方で自己批判的かつ厳密に追究してきたのは、やはり普遍的真理であって単なる文化的な自己表現やドグマ的な体系化ではないからでもある。

（ブレット・デービス「日本哲学とは何か」『オックスフォード日本哲学への手引き』オックスフォード・ユニヴァーシティ・プレス、二〇一九年、一八―一九頁）

ここにあるように、ヨーロッパ独占主義の哲学が周縁化してきた、（そして日本の研究者もそれに加担してきた）日本哲学もまた、普遍的真理を追究してきたのである。ただし、そのやり方が、近代ヨーロッパ哲学と異なっていたにすぎない。

なお、日本語版では、わたしたちが試みた世界哲学、そして世界哲学としての日本哲学にも言及がある。まだ頁数は未確定だが、おおよそ次のようなものだ（翻訳ができるまでお待ちいただきたい）。

ヨーロッパ独占的な哲学観をはっきりと否定し、哲学的なヨーロッパ中心主義に挑み、さらにはこれまでの日本における比較哲学の多くを規定した「東洋対西洋」の型から脱却し、アフリカや南米の伝統などをその視野に入れた、日本初の大規模な出版物が、二〇二〇年に八巻および別巻からなる『世界哲学史』として発行された。（伊藤ほか、二〇二〇年）。確かに、レオン・クリングスが批判するように、通常除外されてきた伝統の扱いはまだ限られているし、世界哲学史を構成・解説するために使われている概念や時代区分は主に西洋の伝統から引き出されている。しかし、クリングスもまた評価するように、哲学のヨーロッパ中心主義から脱中心主義の世界観への画期的な転換が内包する課題と機会に関する四人の編集者の方法論的考察は示唆に富み、吟味すべきものである（Krings 2020, 78-85）。

たとえば、別巻に収録されている中島隆博による章は、「世界哲学としての日本哲学」という大胆な表題が冠されている（中島二〇二〇年、二八一頁）。第一巻の序章において、編者の一人である納富信留は、京都学派や他の多くの近代日本哲学者と同様に、日本哲学は東洋と西洋の両方の伝統を受け入れてきた、という特異な利点を強調している（納富二〇二〇年、一六頁）。しかし、中島の表題「世界哲学としての日本哲学」が意味しているのは、決して日本哲学だけが世界哲学である、ということではない。

もう一人の編者である伊藤邦武が指摘するように、東西南北各々の地域において、「それぞれの時代にそれぞれの哲学が独自のしかたで『世界哲学』たらんとし」てきたのであり（伊藤二〇二〇年、二八一頁）、日本の前近代および近現代の諸哲学も例外ではない。また、もう一人の編者山内志朗が強調するように、停留の中心にあるものが、辺境にあるものから受ける触発や刺激によって新しい発展や発想を生み出す、ということは、世界哲学史においてしばしば見られることである（山内二〇二〇年）。無視、あるいは軽視されてきた「辺境」にあるものとして、日本哲学は対話としての世界哲学に貢献する可能性に満ちているに違いない。

（ブレット・デービス「日本哲学とは何か」）

「世界哲学」は日本発の試みだが、それとデービスの問いとが直接交叉しているのが見て取れるだろう。デービスのこの文章を見て、わたし自身はわずかばかり、ベラーに恩返しできたような思いになった。ベラーに向かって、「時間はかかったものの、なんとか世界に向かって日本哲学の普遍的な可能性を少し開くことができましたよ」と、つぶやいてみたいと思ったのだ。

おわりに

それでも、日本哲学の普遍的な可能性をより広げていく作業はこれからである。右で触れたように、日本の大学の制度的な困難が日本哲学研究を阻んでいることは否めない。しかし、日本の国内外において、日本哲学を普遍化することに寄与しようとする試みはあちこちで生じている。東京都立大学でフランス哲学を研究する西山雄二は、かつてＵＴＣＰの助教の際に、「以前はpublish or perishだったが、今はassociate or perishだ」と言ってくれた。その言葉にあるように、新しいアソシエーションこそが哲学そして日本哲学を可能にし、現代的な課題にも挑戦するように鍛えてくれるのだ。

わたし自身は、未来哲学研究所がそのようなアソシエーションのプラットフォームのひとつとなり、日本哲学の未来を切り開いてゆくことを、これまでも念じてきた。そして、これからも念じてゆきたい。それは、制度的な困難にたじろぎ嘆くよりもずっとましなことだと思っている。哲学そして日本哲学の未来は、新しいアソシエーションによって担保されてゆくのである。

参考文献

ロバート・ベラー『徳川時代の宗教』池田昭訳、岩波文庫、一九五七年

森敦『意味の変容』筑摩書房、一九八四年

アルフレッド・ノース・ホワイトヘッド『過程と実在』上下、山本誠作訳、ホワイトヘッド著作集第十巻、第十一巻、松籟社、一九八四、八五年

ロバート・ベラー『心の習慣——アメリカ個人主義のゆくえ』〔原著出版、一九八五年〕島薗進・中村圭志訳、みすず書房、一九九一年

丸山眞男　丸山眞男集第七巻、一九五七—一九五八、岩波書店、一九九六年

池田晶子『14歳からの哲学——考えるための教科書』トランスビュー、二〇〇三年

James W. Heisig, Thomas P. Kasulis, and John C. Maraldo eds., *Japanese Philosophy: A Sourcebook*〔『日本哲学原典資料』〕, Honolulu: University of Hawai'i Press, 2011.

ロバート・N・ベラー、島薗進、奥村隆編『宗教とグローバル市民社会——ロバート・ベラーとの対話』岩波書店、二〇一四年

Thomas P. Kasulis, *Engaging Japanese Philosophy: A Short History*〔『日

本哲学小史』〕, Honolulu: University of Hawai'i Press, 2017.
Bret Davis (ed.), *The Oxford Handbook of Japanese Philosophy*,〔『オックスフォード日本哲学への手引き』〕Oxford: Oxford University Press, 2019.
伊藤邦武・山内志朗・中島隆博・納富信留編『世界哲学史』全八巻＋別巻、ちくま新書、二〇二〇年
レベッカ・バクストン、リサ・ホワイティング『哲学の女王たち』向井和美訳、晶文社、二〇二一年
中島隆博『日本の近代思想を読みなおす　1哲学』東京大学出版会、二〇二三年

I　可能性の鍵

普遍的な人類愛は可能か
――アニー・ベサントと神智学

末木文美士

はじめに　宗教は対立の原理か

今日、宗教は対立と抗争を引き起こす原理のように考えられている。中東のユダヤ教とイスラム教、イスラム教の中のスンニ派とシーア派、アメリカにおけるキリスト教福音派の動向等々。仏教は平和の宗教かというと、そうでもない。ミャンマーの仏教徒がイスラム教徒のロヒンギャを虐殺していることはよく知られている。しばらく前のスリランカでも、仏教徒がヒンドゥー教徒を迫害した。宗教は民族や国家と深く結びつき、相互の対立を引き起こす原理となる。歴史を振り返れば、残虐な例は数知れず、日本でもキリシタンの迫害は顕著な例だ。

けれども、宗教を対立の原理とばかり見て悪者視するのは、一方的であろう。宗教は常に心の平安を説き、あらゆる人の救済を謳う。ローマ教皇やダライ＝ラマの平和のメッセージは大きな反響を招く。宗教者は平和運動の中心的な担い手となる。宗教には現世的な対立を超える力があるのではないか。

分裂と対立ではなく、統合と調和を目指して世界の宗教者が一堂に会した最初の試みは、一八九三年にシカゴで開催された万国宗教会議（World's Parliament of Religions）であった。西洋にとって、カトリックとプロテスタントなどの内部的な対立はあっても、キリスト教は唯一の宗教であった。ところが、一九世紀の植民地主義は西洋の拡張であるとともに、他者である非西洋の思想・宗教と出会わざるを得なくなった。こうして世界の宗教が一堂に会することになった。

そして、その会議に共鳴して積極的に代表団を送り込んだのが、神智学協会（Theosophical Society）であった。彼らの中心的な主張として、普遍的な同朋愛を掲げ、世界の宗教は根源的に一つだということがあった。神智学はいかがわしい擬似宗教のように見られながらも、宗教・哲学・科学の一致を掲げて勢力を増しつつあった。本稿ではまず、万国宗教会議における神智学について見た上で、第二代神智学協会会長となるアニー・ベサントを中心に、キリスト教への疑念から無神論へ、そして神智学の、普遍的な世界宗教一体論へという思想展開を取り上げてみたい。そこに分裂対立の続く今日の世界に対して、それを乗り越えるヒントがあるかもしれない。

一　シカゴ万国宗教会議と神智学

万国宗教会議は、シカゴで開催された万国博覧会（コロンビア博覧会）に付設して開催された二〇の世界会議（World's Conference Auxiliary）の一つであった。これらの付設会議全体の議長には、シカゴの弁護士でスウェーデンボルグ主義のチャールズ・C・ボニー（Charles C. Bonney）が就任した。それらの付設会議は、「物ではなくて人間、物質ではなくて心」をモットーとしていたから、宗教会議は特に力を入れて行われ、一八九三年九月一一日から二七日まで一七日間にわたって開催された。シカゴのキリスト教各派とユダヤ教徒によって準備委員会が結成され、長老派のジョン・ヘンリー・バローズ（John Henry Barrows）が議長となった。[1]

当初はキリスト教を中心として考えられていたが、アジアから諸宗教の代表が参加して、色とりどりの衣装が話題を呼び、これらの諸宗教がはじめて欧米に紹介され、宣伝される場ともなった。インドのヴィヴェーカーナンダはとりわけ評判を呼び、アジアの宗教への関心を高めることになった。釈宗演（しゃくそうえん）、土宜法龍（どぎほうりゅう）ら、日本の仏教の代表団もはじめてアメリカの土を踏み、聴衆の前で日本仏教を説いた。

この宗教会議に積極的に関わろうとしたのが、神智学協会であった。神智学協会は、もともと「人類の普遍的な同朋愛の核となること」[2](To form a nucleus of the Universal Brotherhood of Humanity)を最大目的として掲げてきたので、この宗教会議はまさしくその主張を宣伝するよい機会と考えられたのである。

この頃の神智学協会の状況を見てみると、一八九一年にカリスマ的な支柱であったヘレナ・P・ブラヴァツキーが亡くなり、協会の会長であるヘンリー・スティール・オルコットは存命であったが、新たな指導者としてアニー・ベサントが浮上してきた。オルコットとベサントがインド・スリランカを地盤とするのに対して、アメリカの神智学徒を率いていたのはウィリアム・Q・ジャッジであり、両者は一八九五年に最終的に決裂して、神智学協会は二つに分裂することになった。九三年は、ブラヴァツキー没後の危機の中で、両者が何とか一つにまとまっていた時期であり、アメリカ派とインド派が協力して宗教会議参加を目指すことになった。

宗教会議における神智学協会の動きは、事前の折衝から当日の発表まで含めて、『宗教会議において神智学協会が開催した神智学会議』[3](一八九三)という報告書(以下、『報告書』、*Report* と略す)にまとめられ、協会のアメリカ本部から刊行されている。この『報告書』を参考に、神智学協会の宗教大会での活動を見てみたい。

神智学協会の宗教会議参加への道は、決して平坦ではなかった。神智学はインドやスリランカでは、仏教やヒンドゥー教の改革勢力と協力して彼らの運動を支援し、大学の整備などをも推進して、それなりの評価を得ていた。しかし、欧米での評判は最低であった。もともと正統的な宗教教団からは、オカルト主義を正面から標榜する神智学はきわめていかがわしいものと見られていた。その上に、ブラヴァツキーのスキャンダルが喧伝された。彼女はマハトマ(神秘的叡智の達成者)の教示によってその教説を展開したとされるが、一八八四年に彼女の元使用人が、マハトマの手紙は偽造されたものだと暴露し、八五年にはイギリスの心霊研究協会(the Society for Psychical Research)のリチャード・ホジソンによる報告書において、欺瞞と結論付けられた。こうしてブラヴァツキーは稀代の詐欺師として糾弾され、神智学はいわばカタギの世界では通用しないエセ科学、エセ宗教と見なされるようになった。

このような経緯もあって、神智学協会からすれば、宗教会議は神智学を公的に承認させる絶好の機会と考えられ、並々ならぬ関心を持って参加しようとしたのである。しかし、主催者側からすれば、問題のある神智学協会には警戒感を懐かざるを得なかった。両者の折衝は一八九三年四月から始められた。神智学協会側の代表はシカゴ支部のジョージ・E・ライトが務めた。ボニーら付設会議の中央委員の連名による四月一八日のライト宛の書簡によると、神智学の部会を認める一方、次のような条件を付けている。

> 心霊的研究や現象として知られるものは応募から外し、宗教部会での発表は宗教及び倫理体系としての神智学に限定されると理解する。
> (*Report*, P.4)

神智学の実践的な側面や超心理学的な心霊現象を外すことによって疑惑が生ずることを避け、その理論的な問題に限定して他とのバランスを図ったのである。このことには、神智学側としても不満はなかったようである。また、神智学に関しては、「宗派の会議」（The Denominational Congresses）の一つとして、それだけで独自の部会を設けることになった。[4] スリランカの仏教者ダルマパーラのように、一般の部会と掛け持ちする者もいたが、多くの神智学徒は一般の部会と切り離されて、独自部会に籠もることになった。神智学会議の組織委員長にはライトが就任し、助言委員会の議長に協会副会長のジャッジが就任した。

こうして九月の会議には、アメリカ在住の協会員の他、ベサント、ダルマパーラ、チャクラヴァルティなど、インドやヨーロッパからも代表を迎えた。オルコットはメッセージを寄せた。神智学会議は、九月一五日にライトの司会で始まり、まずジャッジが開会の挨拶をした後、司会をジャッジに替わった。ジャッジは、「この最後の瞬間まで続いた暴力的な虐待と嘲笑の一八年間の後で、この会議を開くのは神智学協会の勝利である」（*Report*, p.16）と協会の勝利をうたい上げた。『報告書』によると、その発表のテーマは以下の通りである。

一五日（金）「一切の霊的存在の統一という神智学の教理」（チャクラヴァルティ）、「神智学は完成者によって発見可能、実証可能な真理の体系である」（ベサント）、「ヘブライの書とキリスト教の新約聖書に見える神智学」（ミュラー）。

一六日（土）「一切の宗教と聖典の根底にある神智学」（バック）、「宗教と科学の結合。啓示は一つの宗教だけの特徴ではない」（サーズ）、「宇宙の構成は七からなる」（クーパー＝オークリー）、「因果律、正義の法則としてのカルマ」（ベサント）、「組織化された生活としての神智学協会」（ライト）、「神智学協会の使命」（チャクラヴァルティ）、「絶対的にセクト的でない協会」（ジャッジ）、「自然法則としての魂の輪廻」(アンダソン)、「神智学と現代の社会問題」(ベサント)、「神智学と科学」(バック)、「共通の起源による義務としての利他――神智学と倫理」(チャクラヴァルティ)、「神智学と倫理(続)」(ベサント)

一六日の夜には、宗教会議全体へ向けての、神智学の一般向け講演で、三五〇〇人の聴衆を前に、バックが司会を担当し、ジャッジ、チャクラヴァルティらが講演した。一七日(日)には追加の部会が開かれ、「神智学と女性」(ミュラー)、「神智学と我々の文明」(アンダソン)、「献身」(クーパー=オークリー)、仏教(ダルマパーラ)、「高次の自我と低次の自我」(チャクラヴァルティ)、「至高の義務」(ベサント)などが論じられた。

以上のようなテーマを見れば、神智学の理論面のほぼすべてにわたって論じられていることが知られる。それらによれば、神智学はすべての宗教の根底にあるもので、宇宙の法則をも個人の心の法則をも解明しようとする科学である。それ故、神智学協会は万人に開かれ、仏教徒であれ、ヒンドゥー教徒であれ、キリスト教徒であれ、その宗教を捨てずに加入できるという。

神智学協会は、必ずしも宗教会議自体とうまく噛み合ったわけではない。しかし、多様な宗教の併存が明らかになった中で、単なるばらばらな多様性を乗り越え、普遍的な統合を目指そうという理想は、神智学だけでなく、時代の大きな潮流でもあった。だからこそ、日本からの宗教会議参加者、釈宗演や土宜法龍も神智学に深い関心を寄せたのである。

そこで、今度は神智学にもう少し立ち入って、普遍主義の理想の由来を考えてみたい。中でも、とりわけさまざまな思想遍歴の末に神智学に行き着き、真理の普遍性の理想を高く掲げた、アニー・ベサントの場合を見てみたい。

二 キリスト教から無神論へ、そして神智学へ
――アニー・ベサントの思想遍歴

1 キリスト教から無神論へ

アニー・ベサント(Annie Besant)(一八四七―一九三三)は、もともと無神論を標榜する英国世俗化協会(National Secular Society)の闘士であり、その後、フェビアン協会に加わって社会主義者として活動した。一八八九年にブラヴァツキーと出会って神智学の活動に加わり、彼女の没後、神智学協会の有力な指導者となった。拠点をインドのチェンナイ近郊のアディヤールに置き、一九〇七年に協会

の初代会長オルコットが亡くなった後に、二代目会長に就任した。

その後、インドの自治権獲得のための政治闘争に加わり、インド国民会議の有力メンバーとなって、一九一七年には国民会議議長に選出された。ガンディー[5]の帰国後に完全独立派の勢力が強くなったためにその影響力は落ちたが、最期まで活動の意欲は衰えなかった。ベサントの生涯は、休む間もなく次々と、さまざまな活動に携わり続けたことを特徴とする。大きくとらえれば、イギリスの社会改革運動に取り組んだ時期を前期、神智学に専心した時期を中期、インドの自治権闘争をめぐって活躍した時期を後期と見ることができるであろう[6]。

本稿では、その前期を中心に、なぜ無神論者の社会活動家であった彼女が神智学に入ることになったのか、その思想遍歴を見ることにしたい。それは、彼女の求めた普遍主義的な諸宗教の統合の理想と深く関わっている。彼女は神智学に加入してから、『自伝』(一八九三)(*An Autobiography*[7] [*AB*]) を書き、そこにおいて自らの前半生を省みているので、それを手掛かりとする。

ベサントは、アイルランド系の両親を持ち、ロンドンに生まれた。幼少年期には非常に信心深く、敬虔な少女であった。父の死後、母の経済的困難のため、少女期には家庭教師を兼ねたエレン・マリアットに養われたが、マリアットは福音主義の信仰に篤く、その影響も受けた。その信仰心の強さは、母親を不安にさせるほどであった。

一八六七年に、英国国教会の牧師フランク・ベサントと結婚した。夫との間に二人の子供も生まれたが、結婚生活は最初からうまくいかなかった。その最大の理由は、彼女が貧困やアイルランド独立運動など、社会的問題に目覚めるとともに、キリスト教の信仰に疑念を持つようになったことにあった。キリスト教への疑念は、四福音書の記述の矛盾という素朴なものであったが、その疑念はどんどん膨らんでいった。一八六八年には、はじめて自分の文章が掲載され、文筆の才に目覚めたが、収入は夫のものになるという、当時の慣行の理不尽を知ることにもなった。

こうした苦悩が続く中で、一八七一年には心身が疲弊しつくす。キリスト教への信頼はますます薄れ、疑問が大きくなる。重要なことは、当時のベサントにおいて、すべての問題は宗教に集約され、キリスト教への不信が最大の問題であったことである。最初の段階では、「死後の罰の永遠性」などへの疑問に限られ、「より深い宗教の問題、即ち、キリストの神性、神の存在、魂の不死、などは疑問視されていなかった」(*AB*, p.99)。しかし、疑問はますます増幅する。

『自伝』の第五章は「不信の嵐」と題され、その苦悩と苦闘が詳しく記されている。ベサントは夫に紹介された聖職者とやり取りし、また、自由神学的な多くの神学の書物も読み漁った。その中で、キリストの神性が次第に疑問とされるようになる。「東洋の宗教には化身（アヴァターラ）の観念があることを知り、神の受肉はあらゆる古代宗教で主張されていることが分かった」（*AB*, pp.107-108）。それ故、それはキリスト教だけの特徴ではない。このことは、無神論時代の代表作『キリスト教――証拠・起源・道徳・歴史』[8]（一八七七）にそのまま採用される説である。

　ところが、「神としてのイエス」という観念は、西欧のキリスト教のあらゆる文化に浸透している。それ故、「神としてのキリストへの信仰を捨てるならば、キリスト教の信条を捨てなければならない」（*AB*, p.108）。ベサントはそこまで進むが、もしそれを実践しようとするならば、聖体拝領をはじめとする教会の行事に参加することは、そのまま偽善になってしまう。一八七三年になっても健康は回復せず、結婚生活は完全に破綻した。そして、最後の決断の時がやってくる。

> 到頭一八七三年七、八月に危機がやってきた。私は教会の外面的な儀礼に従わなければならず、聖体拝領に出席しなければならないと告げられたが、拒否した。そうすると異なる二者択一がやってきた。即ち、遵奉か、家からの追放か、別の言葉で言えば、偽善か放逐かの選択である。私は後者を選んだ。（*AB*, p.117）

　教会が地域社会のコミュニティーの核である以上、教会に従わないならば、コミュニティーから排除されるのは必然である。彼女の決断は、彼女一人の問題に留まらない。彼女の母親や子供たちもまた一緒に排除されることになる。母は心痛から病に伏し、亡くなるが、それでも、「大きな犠牲を払って、私は自由を獲得した」（*AB*, p.109）。

　こうして「自由の喜び」を噛みしめる中で、「古い信仰の名残としては『神』への信だけが残ったが、それもゆっくりと溶解し始めていた」（*AB*, p.131）。

> 神が、人の心の鏡に映し出された人自身のイメージに過ぎないとしたらどうなのか。人が創造者であり、神の啓示ではないとしたらどうなのか。（*AB*, p.132）

　こうして、ついに無神論に至りつく。その時に出会ったのがチャールズ・ブラッドロー（Charles Bradlaugh）（一八三三―九一）であった。ブラッドローは強固な無神論者として知られ、英国世俗化協会を設立して、週刊の機関誌『ナショナル・リフォーマー』（*National Reformer*）によって、無神論を鼓吹していた。いわゆる「自由思想」（Freethought）を代表する思想家であり、活動家である。ベサントは一八七四年に彼と出会うや否や、たちまちに固い友情の絆で結ばれる。彼女は、その友情は現世だけでなく、前世からのもので、来世にも続くものだとも言っている（*AB*, p.137）。そして、その固い絆のもとに、彼女は隠れていた才能をいかんなく発揮して、演説者として多数の講演をこなし、著作者として多くの記事やパンフレットを執筆し、縦横無尽の活躍をすることになる。

『自伝』第七章は「私が知り、教えた無神論」と題されて、彼女の無神論の理論がまとめられている。彼女の主張する無神論（Atheism）は汎神論（Pantheism）と近似している。その第一歩は、「自然現象の無限の多様性の底に深遠な物質の統一があることの認識、即ち、多の底の一なるものを認識することである」（*AB*, p.141）。それ故、この世界の外には創造者たる人格的な神を必要としない。自然は自然として完結して一なるものである。

ただし、無神論は単純に唯物論に帰するわけではない。物質と精神の二元論は成立せず、精神と物質もまた一なるものである。

> 物質はその構成要素において精神と同一である。存在は一つであるが、現象は多様である。生命は一つであるが、その進化において多様化する。（*AB*, p.141）

超越的な神は存在しない。そこから、魂（Soul）と精神（Spirit）の存在も否定される（*AB*, p.149）。しかし、超越的な神や魂の否定は、心的なものをすべて否定することにはならない。「実体とはすべてのものを包括し、生命を与える自然の力である」（*AB*, p.143）から、「神は自然と同一である」（*AB*, p.143）。

それでは、汎神論になるのではないか。無神論と汎神論とはどこが違うのであろうか。

> どちらも現在のところ人間の力では分からない「存在」を認め、すべての現象はその様相であるとする。しかし、無神論者にとっては、その「存在」は力としての物質（Force-Matter）として現れ、無意識的であって、知的には理解できない。それに対して、汎神論者にとっては、それは生命としての物質（Life-Matter）として現れ、意識的で知的理解が可能である。（*AB*, p.146-147）

この区別が適切であるかどうかは分からないが、ベサントとしては、統体としての世界を知的に捉えきれないものとして見ているのであり、そのような立場を無神論と呼んでいる。それ故、超越的な一神教としてのキリスト教は否定するが、その宗教的心情は持続している。『情動によって動かされる道徳』が宗教であるならば、じつに私はもっとも宗教的な無神論者であった」（*AB*, p.157）。

ベサントにとっては、無神論の理論的な探求よりも、その倫理面こそが重要であった。それは超越神の圧制から脱し、人間の自由を獲得することであった。「無神論者の理想的な人間性は、いかなる主も知らず、暴君を許さず、自らの力で立つ自由なる人間の人間性である」（*AB*, p.158）。その倫理は功利主義に近づく。「道徳の真の基礎は効用性にある。即ち、我々の行動が一般の福利と幸福を増進するように適応することである」（*AB*, p.154）。

こうして、ベサントの無神論は「政治的に過激な急進主義」（*AB*, p.170）へと進んでいく。実際、ブラッドローとともにベサントは、政治的闘争の場に引き出される。一つは、一八八〇年にブラッドローが下院議員に選出された時、議会でキリスト教式の宣誓を拒否したことから、議会と対立することになった事態である。もう一つは、アメリカの医師チャールズ・ノートンの産児制限を説いたパンフレット『哲学の果実』を、一八七七年にロンドンで再版して罪に問われたことである。

やがて産児制限によって貧困をなくそうとする、ネオ・マルサス主義の限界の認知から社会主義に目覚め、フェビアン協会に加わるようになる。それは個人主義に立つブラッドローとも袂をわかつことであった。しかしベサントは、経済的な平等を目指す社会主義には満足しきれなかった。そこに神智学がクローズアップされることになる。

2 社会主義から神智学へ――「人類愛」と「同朋的共同体」を求めて

『自伝』の最後となる第一四章は「嵐を経て平安へ」と題され、一八八八―八九年の怒濤のような遍歴の末に神智学協会に加入する過程が記されている。社会主義に加わる中で、ベサントは「新しい共同体」を確立することが必要と考えるようになる。

> そこでは、人類への奉仕が、それまでの神への奉仕に取って代わる。労働が祈りであり、愛が洗礼であるような同朋的共同体である。そこでは、人類の福利のために働く人は誰でもよそ者とはみなされない。（*AB*, p.329）

それは社会主義の理想とも重なるが、ベサントはむしろキリスト教徒であるW・T・ステッドとの友情を通して、精神性を重視した宗教的な方向からこのような理想を育んだ。それが神智学につながることになる。

ところで、ここで「同朋的共同体」と訳した原語は「ブラザーフッド」(Brotherhood)であるが、それは兄弟愛、同朋愛であるとともに、そのような愛によって結ばれた共同体をも意味する。具体的には宗教的な修道士団や同業者の組合などを意味することもある。同朋愛が人類愛にまで広がったものが、普遍的な同朋愛(the Universal Brotherhood)であり、まさしく神智学協会の目的の第一に掲げられたものに他ならない。ところが神智学では、共同体としての「ブラザーフッド」は、もう少し特殊な重要な意味を持つ。その点は後ほど触れることにしたい。

ベサントは神智学に到達する前に、いわば空想的社会主義とも言うべき方向へと向かっていた。その中で、具体的な社会運動に関わることになる。それが、マッチ工場の女性労働者の貧困であった。同志のハーバート・バローズ(Herbert Burrows)とともに、マッチ工員労働組合を立ち上げ、一八八八年にはストライキを指導して、待遇改善をかちとる。それは輝かしい成果であり、指導者としてのベサントの声価も高まった。しかし、彼女の思いは社会主義から逸れていく。

> 私が持っていた以上の何ものかが社会的な病理の治癒には必要だという感情が、ますます私の中で大きくなっていった。社会主義の立場は経済的側面では十分であるが、人類の同朋愛の実現に導くようなひらめきや動機はどこに得られるのであろうか。利己心を超えた労働者の団結を真に組織しようという私たちの努力は失敗した。
>
> (*AB*, p.338)

無私の愛に基づく共同体というベサントの理想は、社会主義では実現されなかった。そこには絶望だけが残った。そこから、外へ向かっての探求ではなく、人間の心の探求に向かうようになる。「私は意識の薄暗い側面を学んだ。夢、幻影、錯覚、錯乱などである」(*AB*, p.339)。こうして、神智学の記念碑的著作A・P・シネット(A. P. Sinnett)の『オカルト的世界』(*The Occult World*, London, 1881)に導かれることになる。

当時、心霊学的な現象が注目され、その研究も盛んになっていた。今日では擬似科学として超心理学などと呼ばれる領域が大きく発展した。神智学も、もともとはそのような領域にルーツを持ちながら、それらを批判して、独自の立場に至った。そこから逆に心霊研究協会により糾弾されることにもなった。このような心霊主義は、ロバート・オーウェンのような社会改革論とも密接に関係している。(9)ベサントの歩みは不自然ではない。

このような時期にベサントは、『ナショナル・リフォーマー』から、ブラヴァツキーの大著『シークレット・ドクトリン』(*Th Secret Doctrine*, 2 vols, 1888)の書評を依頼される。その書評を書いた上で、ベサントはバローズとともにブラヴァツキーに面会しに行く。一八八九年五月のことである。こうして二人は神智学協会に入会することになる。

『自伝』に引用された書評の最後の部分は、ベサントの人類愛への志向がどのように神智学につながっていくかをよく示している。

> 利己主義によって用いられた知識は人を人から、人種を人種からわかつ割れ目を広げる。……そこで、ブラヴァツキー夫人がその名のもとに語る「大師」たちの叡智は、「愛」の教えが学ばれるまでは、強い力を持つような知識の伝授を否定し、誤用されると社会を破滅させるような自然力の制御を、利己心を持たない人たちの手にのみ与えたのである。
>
> (*AB*, p.350)

ここで言われる「大師」(Masters)は、マハトマ(Mahatma)とも呼ばれ、またアデプト(adept, 到達者)とも呼ばれる。最高の叡智に到達した人たちであり、人類の指導者たちである。ブラヴァツキーは、チベットにいるアデプトである、モリヤやクートフーミの教えを受けたと称するが、心霊研究協会によって彼らからの手紙が偽物だと断定されて、評判を落としたことは、前述の通りである。ブラヴァツキーはあえて、その心霊研究協会の報告書をベサントに読ませるが、ベサントはそれを浅薄なものであると否定し、ブラヴァツキーを信奉したのである(*AB*, p.343)。

このようにアデプトたちは、特殊な「ブラザーフッド」(同朋的共同体)を作っているとされるのであり、彼らこそが普遍的な人類愛としての「ブラザーフッド」の実現を導く指導者たちであった。ベサントの求めた理想的な世界は、ここに実現の可能性を見出すことになる。そこには「ブラザーフッド」の二重性が巧みに生かされているが、はたしてその論法はうまくいくのであろうか。もう少し立ち入って考えてみたい。

三　宗教は根源的に一つとなり得るか
——ベサントの秘教論

ベサントの神智学に関する主著の一つは『古代の叡智』（一八九七）であろう。この書は、ベサントの理解する神智学の概論とも言えるが、その序論は「あらゆる宗教の根底にある統一」と題され、全体を貫くその問題意識がうかがわれる。そこにおいて、「偉大な諸宗教の創設者たちは一つのブラザーフッド（同朋共同体）のメンバーであった[10]」と言われている、即ち諸宗教の偉大な創始者たちは、まさしくアデプト（大師、マハトマ）たちの共同体に属するのであり、それ故、彼らの教説が表面的に異なっていても、それは相手に応じる対機説法的な方便であり、その根源は一つだというのである。

その根源の教えは凡愚のものには理解できないので、それを理解できる賢人にしか伝えない。それ故、表面的な顕教としてではなく、秘教とされるのであり、神智学はまさしくそのアデプトたちの教えの根源を説くのである。それが開示されることによって、宗教間の対立はなくなり、人類すべてが同朋愛によって結びつき、一つの同朋共同体として団結することが可能になる。こうしてベサントの求めた理想は、それを実現する道が開かれる。もっとも、そううまくいくかどうかは疑問であるが。

それでは、それら諸宗教の共通性はどこに見出されるのだろうか。ベサントは次のような諸点を指摘する[11]。

i　永遠、無限で、認識不可能な一つの実在。
ii　そこから顕現した神が、一体から二体、三体へと展開。
iii　顕現した三体から、多くの霊的知性体が生まれ、宇宙の秩序を形成。
iv　人は顕現した神の反映であり、内的な真実の自己は永遠で、宇宙の自己と一体。
v　人は欲望によって落ちた輪廻を繰り返す中で進化し、智慧と犠牲により解放される。

(*The Ancient Wisdom*, p.9)

これは、発生論的な神秘主義と見ることができる。ベサントは同書で、さまざまな宗教の教説を検討しているが、その考えによく当てはまるのは、インド系の宗教・哲学、新プラトン主義、ユダヤ教やイスラム教神秘主義などであり、中国の『老子』や『易』も近いところがあるだろう。ただ、輪廻を認めるかどうかは議論の余地がありそうだ。ベサントは、これら諸宗教を詳しく検討している。そして、「神智学徒になることで、キリスト教徒、仏教徒、ヒンドゥー教徒であることをやめる必要はない。かえって彼は自分の宗教へのより深い洞察を得るであろう」（*ibid.*, p.4）と指摘している。ちなみに言えば、井筒俊彦が「精神的東洋」として論ずるものも、これに近いところがある。[12]

こうなるとベサントが公言していた「無神論」は成り立たなくなる。『自伝』では、「無神論者は確実に神智学徒になれない。有神論者は神智学徒たりうる。唯一神論者は神智学者たりえない」（*AB*, p.350）と述べている。もっともベサントの無神論は機械的な唯物論ではなく、生気論的な汎神論とも近いものであったから、必ずしも正反対へ転換したというわけではない。前述のように、無神論的な個人主義から社会主義へ、そして人類全体への同朋愛としての「ブラザーフッド」の理想実現を求めて神智学へという流れは、それなりに筋の通った転換であり、単にその場その場で流行に跳びついたというわけではない。[13]

問題は、唯一神論者（Monist）は神智学徒になれないというところである。そうであれば、ユダヤ教・キリスト教・イスラム教の正統派は、神智学と対立することになる。ただ、それらの神秘主義的な動向は肯定される。ベサントにとってのいちばんの問題は、キリスト教であった。世俗化協会での無神論者としての活動は、何よりも反キリスト教ということが正面に掲げられていた。その頃の主著として、前述の『キリスト教――証拠・起源・道徳・歴史』（一八七七）があるが、そこではキリストの実在自体を疑い、キリストの事績がほとんど他の宗教にも共通して見られるというところから、キリスト教の独自性を否定するものであった。[14]

それに対して、神智学に入ってからの著作『秘教的キリスト教――低次の神秘』[15]（一九〇一）では、通常の低俗なキリスト教の教義の奥に秘教としてのキリスト教があり、それこそが真実だという。それはグノーシスと呼ばれる真の智慧である。もっとも言語化されるのは「低次の神秘」であり、「偉大なる神秘」は、「師から弟子へ、口から耳へという形でのみ与えられる」（*EC*, Foreword, p. ix）。ちなみに、神智学の初期の著作としては、シネットの『秘教的仏教』[16]が著名であり、ベサントの『秘教的キリスト教』という表題はそれを意識したものである。

同書『秘教的キリスト教』の第一章は「宗教の隠れた側面」と題され、『古代の叡智』序章で論じられた諸宗教の根底的な同一論をさらに深めて論じている。そこでは、宗教の由来を研究する方法に、比較神話学（Comparative Mythology）と比較宗教学（Comparative Religion）の二つがあるという（*EC*, p.7）。これらはいずれも諸宗教は共通の始原を持つと考えるが、両者の見方は対立している。

比較神話学は、「諸宗教の共通の起源は人間の無知である」と考える（*EC*, p.7）。世界に関する無知故に、自然現象の背後に人知を超えた存在を認めることになる。そこにアニミズム、フェティシズム、自然崇拝、太陽崇拝などの原始的な宗教が生まれる。高度な世界宗教もそれらの洗練されたものでしかないと見る。

他方、「比較宗教学者は、すべての宗教は『神的な人間』に由来すると考える」（*EC*, p.8）。「神的な人間」の持つ知恵が「神的な知恵」であり、グノーシスであり、テオソフィアである。もともとすべての宗教はそのような源泉に由来するのであり、原始的な宗教とされるものは本来の宗教からの堕落形態と見られることになる。

ベサントはもちろん後者の立場に立つが、振り返ってみると、無神論時代の著作『キリスト教』はキリスト教の諸概念が他宗教、とりわけ太陽崇拝などに共通することをもとにしてキリスト教を批判するのであり、それは比較神話学の立場に立つものと言える。とすれば、過去の自著を自己批判しているとも言えるのである。

ここで言われる比較宗教学の「神的な人間」というのはアデプトのことであり、すべての宗教の創始者は「アデプトの同朋共同体」に属することになる。それが、すべての宗教が根源的に一致する根拠となる。だが、どうして「アデプトの同朋共同体」が形成され、諸宗教の一致が成り立つのであろうか。そこにはブラヴァツキーに由来する神智学独自の人類進化論[17]が前提とされる。

神智学では「七」を神聖な数として、世界も人間も七段階を基準として変化するとされる。人類の歴史も七段階を経るとされ、現人類は第五段階である。その前の第四段階は、はるか過去にアトランティス大陸で繁栄した。第四段階の人類は高度な文明を発展させたが、悪の面でも高度化した。こうして大洪水によってアトランティスは滅びた（*EC*, p.18）。生き残った「偉大な教師たち」（アデプト）は、このような経験に鑑みて、知恵が悪用されないように、「そのような教えを受ける候補者について、純粋さ、非利己性、自己制御という点に関して厳格な条件を課した」（*EC*, p.19）。こうして真の深い教えを、諸宗教の表面的な教えの背後に隠し、限られた人にのみ教えることにしたのである。

この神秘の教えに、前述のように、「低次の神秘」と「偉大な神秘」とがある。「低次の神秘」は理論的なもので、『古代の叡智』に述べられたように、一切の存在に先立つ「一者」があり、そこから至高の神が生まれ、さらにそこから知性的世界が展開するというような発生論である（*EC*, p.22）。それに対して、「偉大な神秘」は言葉では伝えられず、体験されなければならない。「行者は神となる。それは外なる神的存在との合一、あるいは内なる神的自己の実現である」（*EC*, p.25）。

このように、諸宗教は表面的、顕教的な教説では差異があり、対立があっても、秘教としての神秘の教えは、「偉大な教師たち」の同朋的共同体に由来することで、同一性が保証される。その共同体は抽象的なものではなく、「中央アジアの偉大なる集団（Grand Lodge）という一つの源流に由来するものであり、そこから秘儀参入者たちが各地に派遣された」（*EC*, p.31）というのである。中央アジアは、第五段階の人種の中でもっとも優秀とされるアーリア人の故地と考えられていた。アーリア人優越説は神智学のネックであり、ナチスにもつながるものとして、常に批判に曝されることになる[18]。ちなみに、ブラヴァツキーもまた、ロシアの中央アジアに近い地方の出身であった[19]。

むすび

本稿では、宗教が対立の原理ではなく、人類の合一の原理となり得るのではないかという問題意識から、万国宗教会議と神智学との関係を取り上げた上で、特にアニー・ベサントの思想展開とその諸宗教一致論を検討してみた。神智学協会は「普遍的な人類愛」を目指し、ベサントはその根拠となる諸宗教の一致を開創者たちの同朋的共同体に求めた。しかし、そうなると万人に妥当するはずの人類の普遍的な叡智が、ごく一部の精神的エリートたるアデプトたちしか関与できないものになってしまう。人類愛としての「ブラザーフッド」が、限られた少数者の共同体「ブラザーフッド」を基盤としてしか成り立たないとすれば、それは大いなる矛盾である。ベサントは後期にインドの反英闘争に関わるが、その際にはインド人のアーリア民族としての優秀性を讃え、インド知識人のナショナリズムに訴えた。

この矛盾を乗り越える道はあるのだろうか。ベサントが望んだ理想を実現することは可能であろうか。それは困難であるかもしれないが、理想は消えたわけではない。戦争を乗り越えて人類全体の平和を築こうという理想は、第二次世界大戦後、ユネスコ憲章前文に表明された。そこでは、「戦争は人の心の中で生まれるものであるから、人の心の中に平和のとりでを築かなければならない」と、物質ではなく心の中にこそ戦争も平和も生まれるのだと表明する。「政府の政治的及び経済的取り決めのみに基づく平和」ではなく、真の平和は「人類の知的及び精神的連帯の上に築かなければならない」と、精神領域の重要性を強調する。これは、ベサントたちが強調した人類全体の「ブラザーフッド」の理想ではないだろうか。実際、このユネスコ憲章には、神智学協会の思想が流れ込んでいるという。[20]

今日、政治的妥協や経済制裁では、戦争や暴力に対する根本的な解決にならないことが明らかになっている。改めて宗教や哲学の領域で、対立ではなく協力と連帯を考え直すことが必要である。その際、このユネスコの精神は大きな手引きとなるであろう。そして、そこから遡って、神智学を含めて世界の精神的統合の可能性を探っていくことは、必ずしも現実離れした妄想とばかりは言えないのではないだろうか。

注

（1）森孝一「シカゴ万国宗教会議――一八九三年」（『同志社アメリカ研究』二六、一九九〇）。また、足羽與志子「万国宗教会議と現代のアメリカ」（注（4）のハリソン本復刻解説）参照。

（2）通常 the Universal Brotherhood とあり、それだと「普遍的な同朋愛」でよいが、注（3）の報告書巻尾の協会の紹介では、a Universal Brotherhood と、不定冠詞になっている。そうなると、「一つの同朋的共同体」と解される。「ブラザーフッド」の問題は、後ほどベサントに即して考えてみたい。

（3）*The Theosophical Congress held by the Theosophical Society at the Parliament of Religions: Report of Proceedings and Documents,* American Section Headquarter T. S., 1893 (Google Books).

（4）バローズ編の宗教会議全体の記録には、ジャッジが報告を書いている。John Henry Barrows (ed.), *The World's Parliament of Religions: An Illustrated and Popular Story of the World's First Parliament of Religions, Held in Chicago in Connection with the Columbian Exposition of 1893*, vol.2, pp.1517-1522. なお、ハンソン編の講演集では、さらに簡略な記述しかない。J. W. Hanson (ed.), *The World's Congress of Religions: The Addresses and Papers delivered before the Parliament, and the Abstract of the Congresses, held in Chicago, August 1893 to October 1893, under the Auspices of The World's Columbian Exposition*,1893（復刻版エディション・シナプス、二〇〇六）, p.1193.

（5）ガンディーも初期には神智学の影響を強く受けたことが知られている。杉本良男『ガンディー――秘教思想が生んだ聖人』（平凡社新書、二〇一八）。

（6）ベサントの前期を中心とした詳細な伝記に、Anne Taylor, *Annie Besant: Bibliography*, Oxford University Press, 1992 がある。日本語の研究として、前期に関しては、名古忠行『イギリス社会民主主義の研究』（法律文化社、二〇〇二）III―第二章「個人主義と社会主義――アニー・ベサント」、後期に関しては、高崎直道『インド思想論』（高崎直道著作集一、春秋社、二〇一〇）第七章「独立運動と西洋人――アニー・ベサントの場合」がある。英語の研究論文は多いが、十分にフォローしているわけではない。その中で、ネットで読めるものとして、Mark Bevir, "Annie Besant's Quest for Truth: Christianity, Secularism, and New Age Thought," *Journal of Ecclesiastical History*, vol. 50 (1999) は、前期の思想遍歴を「真理の探究」という面で一貫したものとして捉え、首肯される。

(7) Annie Besant, *An Autobiography*, 1893, London: T. Fisher Unwin, 1893. (Second Edition) (Internet Archive).

(8) Annie Besant, *Christianity: Its Evidences, Its Origin, Its Morality, Its History*, Charles Watts, 1877.

(9) 吉村正和『心霊の文化史――スピリチュアルな英国近代』(河出ブックス、二〇一〇)。

(10) Annie Besant, *The Ancient Wisdom: An Outline of Theosophical Teachings*, Theosophical Publishing House, 1897 (Internet Archive), p.3.

(11) 拙著『死者と霊性の哲学』(朝日新書、二〇二二) 第五章参照。

(12) 拙稿「井筒/仏教/神智学」(『理想』七〇六、二〇二一)。

(13) ベサントは、自由思想出版社から、「なぜ私は神智学徒になったのか」*Why I became a theosophist* というパンフレットを出して(一八八九)、神智学が必ずしも自由思想に背かないという弁明をしている。

(14) このような点から、本書は幸徳秋水『基督抹殺論』の種本として使われた。小森健太郎「幸徳秋水『基督抹殺論』とアニー・ベサントの〈世界教師〉論」(『文学・芸術・文化』近畿大学文芸学部論集、二七―一、二〇一五)。拙稿「総論――帝国の確立と宗教」(『近代日本宗教史』二、春秋社、二〇二一)。

(15) Annie Besant, *Esoteric Christianity or the Lesser Mysteries*, The Theosophical Society, 1901 (Internet Archive). 引用の際、*EC* と略す。

(16) A. P. Sinnett, *Esoteric Buddhism*, Trübner & Co. 1883 (Internet Archive). 拙稿「もうひとつのエソテリック・ブッディズム――A・P・シネットの著作をめぐって」(『仏教文化論集』一三、二〇二四) 参照。

(17) ブラヴァツキー『シークレット・ドクトリン』第二部で論じられる。和訳、忠源訳『シークレット・ドクトリン』第II巻第1部「人類発生論」(竜王文庫、二〇一七)。

(18) 太田俊寛『現代オカルトの根源』(ちくま新書、二〇一三)、横山茂雄『増補聖別された肉体――オカルト人種論とナチズム』(創元社、二〇二〇) など参照。

(19) ブラヴァツキーは、そこでカルムィク人やチベット仏教と触れたという。『国立民族学博物館研究報告』四〇「特集・マダム・ブラヴァツキーのチベット」(二〇一五) 参照。

(20) 岩間浩『ユネスコ創設の源流を尋ねて――新教育連盟と神智学協会』(学苑社、二〇〇八)。

ハンナ・アーレントと未来への哲学

山内志朗

絶望の海の浜辺で

人類の未来が、どんより澱んだ曇天のように暗鬱な雰囲気に覆われている時代がある。希望に満ちた未来を楽天的に描くことは、時として罪悪的なものとなりかねない。これはいつの時代にも注意しなければならないことだろう。

二一世紀は暴力的な事件で始まった。二〇〇一年九月一一日は、同時襲撃テロという衝撃的な事件によって二一世紀がどういう時代になるかを教えてくれた。宗教の逆襲であった。近代が、宗教を合理性の名のもとに軽視・迫害してきたことへの報いだったのか、私はテレビの画面を見ながら戦慄を覚えた。

自然の逆襲ということも始まった。自然は従順に人間に奉仕してきたが、もはや人間の僕(しもべ)ではない。人間は、景気回復、経済発展の名のもとに自然を略奪・破壊し、悔悛しようとする気配を見せない。温暖化、気温の沸騰、海面上昇、CO_2濃度の上昇など、地球全体の環境を人間が改変してしまったことの影響が、具体的に日常生活にも現れてきた。それまで、人間は化石燃料を使い、自然環境を汚染したとしても、自然の回復力によって、自然そのものの変化を感じることの必要に迫られるまでに至らなかった。人間は微々たる存在であって、その行動によって、自然そのものが回復不可能な甚大な影響を受けるとは思っていなかった。

自然は圧倒的に広大であり、いくらそこから奪っても、汚染しても、人間の影響を受けるはずがないと錯覚してきた。自然は無限で無窮であると思い、「母なる地球」(alma mater)への限度なき甘えに陥ってしまった。老い衰え、人間をもはや養えなくなりつつある老母となった地球の嘆きを聞こうとしてこなかった。今でも景気回復、経済状況の名のもとに、収奪はどこまでも終わりそうにない。

人口が増加しすぎ、そして圧倒的に多くの国々が生活難、食料難の状況にあり、戦乱が世界各地に消えることはなく、膨大な難民がヨーロッパやアメリカに押し寄せ、その渡航のさなかにも劣悪な輸送手段によって多くの死者が生まれている。

戦争や迫害などの脅威から自分の生命を守るために避難している人々は、二〇二二年で一億八四〇〇万人と言われている。暗澹たる状況にある。

これまで通りに膨大な廃棄物を生み出しながら、資本主義的な生産・消費・廃棄システムは末期的な段階にきているとしても、資本主義をやめることによってバラ色の未来が開かれるとは限らない。資本主義の原理を廃止して、別の経済システムに移行するとしても、共産主義のようなユートピア的な経済システムが、誕生後一世紀を経ないうちに破綻してしまったことを、人類は経験してきた。

対症療法的に、問題事象に対して個別的に対応してくことしかできず、全体的な救済策はもはや存在しないのかもしれない。巨視的に、したがってもしかすると神学的な枠組みにおいて未来を妄想することに意味があるのか、これはまったく不明であるが、残された選択肢は試されるべきかもしれない。

ハンナ・アーレント(一九〇六—七五)は、晩年の最後の著作において不可視なる未来に向けて未来哲学を提唱している。

世界からの退却としての思考

ハンナ・アーレントは、一九七五年一二月四日にこの世を去った。木曜日の夕刻であったという。前の土曜日に、彼女は『精神の生活』の第二部である「意志」を書き終えていた。『精神の生活』は、計画によれば思考・意志・判断に分けられていた。彼女の計画では、『精神の生活』は二巻からなる著作で、思考の部分は最も長くなり、第一巻がそれに費やされ、第二巻は意志と判断とを扱うことになっていた。そして判断力についての章は、他の二つよりも短くなると考えていた。カント(一七二四—一八〇四)によって『判断力批判』が展開されたとはいえ、判断について語るには、材料が少ないと考えていた。そして一番困難なのは意志のところだったと、アーレントは友達に語っていたという。そして、ここで重視したいことなのだが、この意志にかかわるところにおいて、アーレントの思索の基軸となったのが、ドゥンス・スコトゥス(一二六五頃、一三〇八)の主意主義であった。

『精神の生活』の第一部では、思考が世界からの退きであることが最初から強調される。思考ということが、アーレントにおいては独特の強い意味を担って語られる。それは、我々は世界の一部をなし、その世界は様々なものが現象する舞台であるが、そこでの現象のすべてが真なる存在ではないがゆえに、我々は世界から退く必要があるからだ。しかしながら、これは我々の自己ないし魂の内面へ向けて沈潜せよというテーゼではない。

認識と思考を、アーレントは対比的に設定する。認識は世界に向けられ、世界内の事物を対象とし、真理を求める。ところが、思考は世界から退き、世界の中に現象しない意味を求める。「神、自由、不死」は思考の最高の対象なのであり、認識によって到達することができるようなものではない。カントは、超越論的観念論において提示した理性概念（理念）が課題として理性に提示され、しかしそれは認識の対象としてではなく、認識においては到達不可能でありながら、それでも目指されるべきものとして提示される枠組みを構築した。この理性概念の哲学が、アーレントの主導的な枠組みとなっている。

第二章において、アーレントは見えないものに関わりゆく手続きを模索する。その際に重要な手掛かりとしているのが、カントが『判断力批判』で提示した、反省的判断力である。

> この反省的判断力は普遍から個別へと降りていくのではなくて、「個別から普遍へと」昇っていくのであり、その際、どれにでも当てはまるような規則のないままに、これは美しいとか、これは醜いとか、これは正しいとか、これはまちがっているとかを決めていくのである。そして、そこでは指導的原理としての判断力は、「自分から自分に対して法則として原理を与えることができるにすぎない」。
>
> （LM1.p.69: 邦訳、『精神の生活』上、佐藤和夫訳
> 岩波文庫、一九九四年、八二頁）

見えないことは認識されないことであるとする視覚優位の枠組みを、アーレントは取り出し、批判する。ギリシア哲学では見ることが知覚一般のモデルとしてあり、視覚の優位ということが基本的な枠組みとして支配していた。しかしながら、ヘブライ人において真理は聞かれるものとしてあった。

視覚でも聴覚でもない感覚の中に、判断をアーレントの〈思考・意志・判断〉の三項図式に組み入れる契機が存在している。

個別性からの能力としての判断力

味覚（taste）という判断力は、好み・趣味（Geschmack, 羅 gustus）としてあり、感覚の中では私的で独自のものとしてあり、それは対象との隔たりを持つことによって高尚さ・高貴さを具える視覚とは反対のものである。味覚は対象の中に入り込み、対象と一体化してしまう。この味覚という私的でしかないように見えるものにアーレントが注目したことは大事だ。世界という粗大なものに立ち向かうアーレントの精神は微細なものに強い眼差しを向けている。

アーレントは、聴覚は「対象に服従している、囚われている、属している」という意味を持ち、自由ではない側面を有している、とする。すなわち聴覚は思考から対象から離れようとするのに対し、味覚はその真逆である。

認識能力としての味覚というのは、妖しげであり、そこにおいては論述も揺動しはじめる。いやしかしながら、アーレントが博士論文を『アウグスティヌスにおける愛の概念』として著し、そこに自らの思想の出発点を置いたことは、思索が揺動しているように見えて、そこでは中世的枠組みにおいて最も重要な概念である享受（fruitio）を念頭に置いているように、私には思われる。快楽（delectatio）といった『精神の生活』の枠組みである〈思考・意志・判断〉にとって夾雑物にしか見えないような契機は、中世神学の聖霊主義を構成する重要な契機なのである。

アーレントは、言い表しえないものとの関係を秩序的に打ち建てる関係を求める。アーレントは、精神分析には批判的なまなざしを向け、それを現在の似非科学の一つに含めようとしている。精神分析学が迷わせる効果を大きく有する似非科学であるというのは、妥当な評価だろう。それはともかくとして、氷山の比喩とか海の比喩などといった、妖しげな比喩を用いることには注意が必要だ。とはいえ、比喩を用いることがいかなる場合においても危険だということではない。危険なのは、似非科学に用いられる場合だけである。

哲学者が第一に関心を持つものは、人間の知識をすり抜けてしまうものである。しかし、それらは理性をすり抜けてしまったものではなく、それに付きまとっていたものである。この指摘は重要なのだ。理性は、その本性として理性によっては認識できず、理性を超えているものを希求せずにはいられないということである。

知性は認識可能性の内部に留まる。欲望は獲得可能なものに向けられる。意志は、それがいかなるものであるのかは、きわめて多様な意味で用いられるがゆえに、慎重に吟味した上で使用されなければならないが、意志は理性的欲望ということにとどまるものではない。

欲望によって与えられた、様々に獲得可能な対象の選択肢に対して、意志や知性の指導の下に望ましい選択肢を提示してもらい、それに対して合意を与えるというモデルで考えてしまっては、知性の働きを見失ってしまう。アーレントは、意志の意志たるゆえんの働きを取り出そうとするのである。

アーレントが西洋中世のドゥンス・スコトゥスに注目するのも、スコトゥスが主意主義者であり、意志を中心的に捉える哲学者の一人であるからだ。

未来への器官としての意志

古代から現代にいたるまでの哲学の歴史を振り返ると、意志は幻影に他ならないと、多数の哲学者たちによって主張されてきた。「意志は未来に対する我々の精神的器官なのであって、このことは、記憶が過去に対する我々の精神的器官であるのと同じくらい明らかなことなのである」（LM2.p.13: 邦訳『精神の生活』下、一六頁）。「自らの精神を未来に向けるその瞬間に我々にとって問題となるのは、もはや「対象（object）」ではなくて投企（project）なのである」（同書、同頁）。

> 精神は、自ら自身の自然的制約を超えているのであるが、それは、解答不可能な問題を問うことによってか、あるいは、意志する主体にとっては決して存在しない未来に投企することによってである。
>
> （LM2.p.14: 下、一七頁）

「投企」という言葉は、かつての実存主義の記憶を惹き起こす。しかし、対象（object）という中世における認識論の中心概念が、投企（project）に置き換えられるとき、それは未来という時間性への関わり方において、基本的枠組みを示してくれる。

その場合の鍵が、一つには「自然」ということだ。自然が提示し準備する自由は、『精神の生活』の第二巻「意志」において、低次の自由として否定される。アーレントが求めるのは、自然をはみ出す次元において、すなわち偶然性において活動するものとしての自由、自由意志（ut libera）なのである。現在という時間性における偶然性こそ、未来の未来性を成立させる基盤なのであり、そこでこそ未来への器官としての意志が立ち現れる。

> 意志による行為以上に偶然的なことはほとんどありえない。意志による行為とは——自由意志を仮定するならば——、しないでおいたままにしておけたかもしれないと分かっての行為すべてのことだと定義してもよかろう。
> （LM2.p.14: 下、一七—一八頁）

未来という時間性

未来というものは未定であり、認識不可能であるがゆえに、学問や知の対象にはなりにくい。アリストテレスの学知（エピステーメー）においては、偶然性や個別性が知の対象から除外されていたが、それは未来にも当てはまる。

> 実在する一切のものには、その原因の一つとしての可能性が先行したはずだ、という見解は、暗々裏に未来を、真正の時制とすることを否定している。すなわち、未来は過去の帰結以外のなにものでもなく、また、自然物と人工物の違いは、たんに、可能態が必然的に現実態に向かうものと、現実化されるかどうかわからないものとの違いとなるからである。こうした事情の下では、記憶が過去のための器官であるような具合に、意志を未来のための器官だという考えは、まったく余分なものだったのである。アリストテレスは意志の実在について認識する必要がなかった。
> （LM2.p.15: 下、一八—一九頁）

未来という非存在の世界を存在の世界にもたらすためだけであれば、「永劫回帰」という枠組みを導入すればよい。永劫回帰は、未来の生成の世界が、存在の世界へと接近していることである。したがって、ギリシア人たちが、意志という能力、すなわち未来という原理に決定されておらず、それゆえ新たなものをもたらすもののための精神的器官についての概念を、一切持っていなかったということは、おどろくべきことではない、とアーレントはギリシア的思考に批判を向ける（LM2.p.18: 下、二一—二二頁参照）。

未来と意志とが初めて発見されたのは、パウロにおいてである、とアーレントは断言する（LM2.p.18: 下、二三頁参照）。パウロがアーレントの枠組みにおいてこれほどまでに評価されているのは、意外な感じもする。ストア派ではダメだったのかという疑問は残る。しかしながら、〈一者のなかの二者〉に精神の生活を見出すためには、霊的なものを目指す意志と肉的なものを目指す意志との分裂という契機が必要であり、それはパウロにおいて権威に見出されるものだ。そしてそれを、アウグスティヌス（三五四—四三〇）も継承している。「未来の生のための準備との密接な連関で、パウロが初めて意志を発見し、未来がいかに複雑であっても意志が必然的に自由であることを発見したのである」（LM2.p.18: 下、二三頁）。

そして、自由ということが形而上学的に困難な課題ではなく、日常生活の中にありふれたものとして存在していることをアーレントは示す。これは、「精神の生活」が、学者や知識人のみができる特殊なことではないことを示すためであろう。

> 朝ベッドから起き上がったり午後に散歩したりしようといった決意から、将来にたいして自分を拘束することになる最高次の決断に至るまで、そうしたことが自由な行為であるかどうかの試金石は、常に、実際に行ったことを行わないままにしておくこともできたはずだ、という点を我々が知っていることなのである。
>
> （LM2.p.26: 下、三二頁）

私が神の似姿であることを私に知らせてくれるのは、この意志なのである。未来という荒々しく粗大な現れ方も厭わない時間性に向かうのに必要なのは、意志という未来への器官であり、精妙さを備えた意志なのだ。

意志へ敵対する者たち

アーレントは、意志ということに反対する人々に批判を向ける。新しいことを始める能力としての意志を否定する人々である。意志への反対論の構図が素描される。アーレントは三つのフェーズを指摘する。

一、意志の能力の存在が、幾度も繰り返し否定されてきた。ホッブズ（一五八八—一六七九）やスピノザ（一六三二—七七）がその代表者となるが、意志は単なる幻影であるとか、意識の空想であるとか、意識の構造に固有の錯誤である、などが指摘されてきた。

二、意志が自由と不可避に結合しており、そして自由と必然性との両立が困難であること。自由は、神の予知や摂理を受け入れる枠組みにおいて、人間の側の空想になることは理解しやすい。イエズス会士ルイス・デ・モリナ（一五三五—一六〇〇）は、神の予知と人間の自由とが両立するための「一般的協働（concursus generalis）」という枠組みを提示した。ドゥンス・スコトゥスがその大きな影響のもとに成立したモリナ主義を、アーレントが知ったならば大いに共感を示したはずだ。

三、思考する自我という名のもとで語る哲学者の視角では、人間そのものによる出来事の領域が、偶然性という呪いのために、存在論的秩序において相当低い地位に追いやられてきた。

偶然性は、アリストテレスによる徹底的冷遇によって、長く哲学的な位置を喪失してきた。未来のための器官としての、また新たなことを始める力としての意志には長い間、反論が向けられてきたのである。それが、一三世紀にトマス・アクィナス（一二二五頃—七四）以降の展開の中で、哲学的な権利をやっと手にすることができたのである。

絶対的始まりというのは、めんどうな概念であり、無からあるものへと至ることとの論理的な困難を孕んでいる。しかし、アーレントはそのような絶対的始まりに対する見方を批判する。そのような見方には見落としがあり、カントははっきりと「自発的な始まりの力」を考慮し、したがってまた、「一連の新たな行為や状態」と、「この新たな一連のこと」によって中断される時間の連続とを調停できないだろうか、ということに関心を持っていたのである（LM2. p. :下、三七頁参照）。

> 私に知る限り、ベルクソン以前にはたった一度だけ、必然性が意識の錯覚だという思想が表明されたことがあった。それは、ドゥンス・スコトゥスによるものであったが、彼は知性に対して意志の第一義性を孤高を守って擁護したのであるが、それ以上に、存在する一切のものの偶然性という要因の擁護者だった。もしキリスト教哲学のようなものが存在するならば、その時には、ドゥンス・スコトゥスは、たんに「キリスト教中世のもっとも偉大な思想家」としてのみならず、おそらく、キリスト教信仰とギリシア哲学との妥協を求めなかった唯一の人としても認められなくてはならないだろう。だから、彼は、「神は偶然的に行為する」と〔いうこと〕が真の「キリスト教徒」の印だと、あえて述べたのである。スコトゥスは、次のように言ったのである。「何かが偶然的であることを否定するものは、自らが拷問されないこともありうることを認めるまでは、拷問にかければよい」と。
>
> （LM2.p.31:下、三八—三九頁）

ドゥンス・スコトゥスによる、拷問の中での偶然性の承認という、かなり乱暴な例をアーレントは何度も引用し、偶然性に対するスコトゥスの入れ込みを称揚する。スコトゥス自身はこの例を偶然性の論証根拠の一つとして挙げているのであって、全面的に依拠しているわけではない。ただ、偶然性が反対の可能性という形而上学的可能性にとどまるのではなく、人間の意志のあり方に直結するものであることを示す例としては、アーレントの心に適ったのだろう。「意志が憂慮しているという不安は、〈私ができ、しかも私が為す〉によってのみ、すなわち、意志独自の活動の中断と意志の支配からの精神の解放によってのみしずめられるのである」（LM2.p.37:下、四五頁）。

空虚な〈今〉を充足する時間性

アーレントは『精神の生活』の第二部において、ヘーゲル（一七七〇—一八三四）の歴史哲学議論をかなり長めに援用する。コイレ（一八九二—一九六四）の中心的テーゼによれば、ヘーゲルの「最大の独創性」は彼の「未来の強調に、つまり、過去以上に未来を優先する」ことにある（LM2.p.40:下、四九頁）。

「今というものは空虚であり、……それは未来において充足される。未来が今というものの現実性をなしている」。意志する自我の立場からみると、「現在の内に未来が直接入り込んでるのである。というのも、未来は、現在を否定する要素としてそこにあるからである。今は、消えゆく存在であり、存在に転化する……非存在である。

（LM2.p.41:下、五一頁）

この個所の前半の引用は、ヘーゲルからのものであるが、ハイデガー（一八八九—一九七六）の引用から孫引きしている。後者は、ドゥンス・スコトゥスからの一節である。ここで重要なのは、今ということを空虚なものと捉え、それが未来において充足されるというイメージである。

自己が意志する自我と自己同一化するかぎり——後に見るように、この同一化は、〃個体化原理（principium individuationis)〃を意志の能力から引き出す主意主義者たちによって提起されたが——、「未来が今へと絶えず移行する形で存在しているのであって、いかなる未来もなく、来たるべきものがまだ何もない時（le jour où il n'y a plus d'avenir, où rien n'est plus à venir)」や、いっさいのものが出来上がってしまい「完成」してしまって

> いる時には、自己は存在しなくなる」。意志の立場から見ると、老年の本質は、未来という次元を縮小していくところにある。
> (LM2.p.41f: 下、五一頁)

未来が今へと流入することで、空虚なる今が充足される。言い換えれば、過去は未来の消失とともに始まり、こうした平穏さの中で、思考する自我が本領を発揮するのである。けれども、ヘーゲルにあっては、精神は、未来のための精神の器官である意志の力によってのみ、時間を創造するのであり、こうした点からすれば、未来がまた過去の源泉なのである(LM2.p.42f: 下、五三頁参照)。

過去と未来の非対称性

アーレントは、ハイデガーの「過去、〈存在したことはある種の様式では未来から生成する〉」(Die Gewesenheit entspringt in gewisserweise der Zukunft.)という言葉を引用する。意志が行う投企は、予知された過去という外観を帯びるに至る。未来の真の存在は今であることだ。今は、伝統的には、川の流れのように絶えず流れ去り、はかなく消えてゆく、流れる今(nunc fluens)と神に与えられた今、留まる今(nunc stans)という二つに区分されてきた。留まる今は、神が時間的な世界を見る場合の視点であり、時間の長短による次元を超え、無時間的なものであり、そこでは時間の中で初めから終わりまで展開される事象の系列が、一度にすべて(totum simul)与えられている。それこそ、永遠性の現れであり、その今は「永遠の今」(nunc aeternitatis)なのである。

> 精神の生活といった事柄が存在するということは、未来のための精神の器官とこれに照応する精神の「休みなさ」に基づいているのである。(LM2.p.44: 下、五四頁)

休みなさ(restlessness)という哲学用語として収まりの悪い語を、アーレントはどうして用いるのだろうか。それは「今(nunc)」という時間性が内包している本質なのだろう。〈今〉とは絶えざる生成と消滅の相にある(in statu nascendi et evanescendi)。存在とは休みなさの中にあることであり、それこそ一種の永遠性、明滅する永遠性(aeternitas scintillans)ということなのである。

ヘーゲルにとってと同じく、プロティノスにとっても、時間は、精神に内在する休みなさ、未来への精神の拡張、精神の投企、「現在の状態」を精神が否定することによって産まれるのである。そして、両者にとって、時間の真の実現とは永遠性なのであり、現世的な言葉で実存的に言えば、意志から思考へと精神が移行することなのである。

（LM2.p.44: 下、五五頁）

永遠性や必然性や恒常性といった、古代ギリシアにおいてイデアに見出され、いや希求された性質ではなく、揺動しつつ現成する存在性がここでは提示されている。

根源的分裂性としての意志

意志が、知性・理性の勧奨や欲望の促進とは独立に、中立的に自ら目的を措定して、たとえそれが現実的可能性の限界を超えるとしても、意志できるのは、世界から自らを切り離すことができるからであるし、それは現実的可能性という安易なる妥協に陥らないためである。意志が分裂したものとなるというのは、世界から距離をとり、意志そのものの自由を成立させる必要条件なのだ。

〈私は否と意志する〉nolle という契機は、抵抗する意志の姿である。意志は、理性や知性の指図を承認したり、欲望によって生じる傾向性を承認したりするだけに留まるものではない。

〈私は意志する〉と〈私は否と意志する〉との闘争の結果は、ただ行為によってのみ分かる。葛藤は、velle と nolle との間で生じるので、理性と欲求との古い葛藤の場合とは違って、説得するということが入り込む余地がない。

（LM2.p.69: 下、八三頁）

意志は、未来に向かう顔と過去に向かう顔とを持つ双面神（ヤヌス）のごとき姿を帯びる。velle と nolle との対立は、スイッチの on/off にようなものではなく、逆向きのものである。

意志は、引き裂かれて自動的に自ら自身の反抗意志を産出するので、これを和解させ、再び一つになる必要がある。意志することは、一つのものを〈一者の中の二者〉へと分割する。

（LM2.p.70: 下、八三頁）

この〈一者の中の二者〉ということは、自己内対話であると同時に、絶対的な始まりの場でもある。神にのみ認められていた第一原因（causa prima）という始点が、被造物のうちにも見出されるようになった。無限性、必然性、永遠性、始原性は、神にのみ認められるものではなく、人間の精神、とりわけ意志に認められるようになったのだ。有限性からの無限性の超出が語られ、その契機が意志に見出されたのだ。

どんなに学識があっても、自然知性だけではほとんど何も知ることはできないというのは、中世の哲学者の前提である。スコトゥスの存在の一義性は、人間知性による神の自然的認識可能性を認めるものであった。しかし、それは人間知性が、有限から無限へと限界を超えられることを意味するものではなかった。

> スコトゥスにとっての問題は、神的無限性から有限性を導出することや人間的な有限性から神的無限性へ高まることがどうやったらできるのかということではなく、絶対的に有限な存在が無限者を考えてそれを「神」と名付けることはどのようにして説明されるのかという問題であった。
> (LM2.p.128:下、一五五頁)

人間精神の中でそれ自身の限界を超えることを可能にしているもの、絶対的有限性を超えることを可能にしているものとはいったい何なのか。この問いに対するドゥンス・スコトゥスの答えはトマス・アクィナスの場合とは違って、意志なのである。存在という事実さえ超越することができる精神能力がある。人間は自分自身を超越することさえできるように見える。そして、意志は超越するばかりでなく、抗うことができる能力なのである。意志は、欲望が求める者にたいして抵抗できるだけでなく、知性と理性の指令に対して抵抗できる能力でもある。

意志は、現実のあるがままから完全に独立でいられる。無関心、いやより正確には中立無記（indifferens）ということが意志の重要な特性である。無関心というどうでもよさではなく、関心を持ちながら、中立でいられるのが意志の強さなのである。

意志の中立無記性とは、相矛盾した対立両項に対して、どちらからも引きずられずに中立でいられるということなのである。この点において、意志は自然を超えることができる。

意志の哲学者ドゥンス・スコトゥス

スコトゥスは二つの意志を区別した。一方は、自然意志（ut natura）であり、これは自然的傾向性に従うものである。もう一方は、本来の意味での自由意志（ut libera）である。自然意志は、「物体における重力」のように作用する。「有益性への傾向（affectio commodi）」、すなわち本来的で状況に見合ったものによって影響を受けることである。

あらかじめ定められた目的に対して適切な手段を選ぶ自由でしかないことが、自由選択（liberum arbitrium）である。スコトゥスが求める自由は、このような限定された自由ではない。自己目的として追求される目的を自由に定めるのが意志である。「というのは、意志は自らの行いを作り出すから（voluntas enim est productiva actum（sic））なのである。

意志を二つに分けて、しかも自由ということをも自由選択と「意志の現実的完全態」とに分けることは、一般的な枠組みとは異なり、複雑なものとなる。しかしながら、スコトゥス流の議論の錯綜の中に、息を呑むほどの洞察がある、とアーレントは言う。第一に、「誰もが幸福になることを意志する」という陳腐な決まり文句に対して、彼が反対したことである。第二に、偶然性の存在の証明がある。アーレントによるドゥンス・スコトゥス評価の論点は、きわめて重要だ。

偶然的ということは、アリストテレス哲学においてもキリスト教神学においても、はかなさ、傷つきやすさを意味する存在論的にも倫理学的にも劣った概念であった。それをスコトゥスは逆転させる。そして、ここにアーレントのスコトゥス熱狂の最大の理由がある。

自由を得るために代償・犠牲として求められるのが偶然性であり、しかもそれは存在の陰（umbra entitatis）を表すものではない。

偶然性は、単純に存在が欠如している、欠損があるということではない。欠陥とは違うのであって、こちらは罪である。むしろ偶然性とは、存在の積極的なあり方であって、必然性と比べて何の遜色もない。

（LM2:p.134f: 下、一六二—一六三頁）

現在の人類の状態、地球の状態が、もし「偶然性」の姿であって、欠損でも、罰でもなくて、存在に随伴するものであるとしたならば、眼の前で見たくはないものとして視界の中心から外に追い出そうとするのではなく、視界の中心に置かなければならない。

神を憎悪することができるという大胆不敵な言説は、特定の宗教の信者ではなかったアーレントらしい主張だが、彼女自身がカトリックに対して共感を寄せていたことは、ローマ教皇ヨハネス二三世（一八八一―一九六三）への情愛に満ちた文章を読めば分かる。[1]

意志の自由というからにはすべての対象に対して自由であるということである。人間は「神を憎んでその憎悪に満足する」こともできるのであるが、それはすべての意志の働きには快楽（delectatio）が伴うからである。（中略）なんであれ目の前のものを自由に肯定したり否定したり憎んだりすることにある。（中略）人間の精神の奇跡は、意志の力によってすべてを超越することができるということであり、（オリウィの言い方ではvoluntas transcedit omne creatum）、人間が神の似像として造られたことの証拠とはこのことなのである。

（LM2.p.136：下、一六四頁）

ここで、聖フランチェスコ（一一八一―一二二六）の『全被造物讃歌（太陽の歌）』を思い出してもよい。フランチェスコは自然の中にあるすべての事物への愛を、これ以上考えることはできないような従順さと素朴さで歌った。

アーレントもまた、その流れにあるのだろうか。「私はあなたを愛している。あなたが存在することを私は欲する（Amo:ut sis.）」というこれ以上短くはなりえない最高の愛の表現を、アーレントは提示する。アーレント二二歳の時に出版された博士論文『アウグスティヌスにおける愛の概念』（一九二八）に何度も登場し、そして四十数年後に出された『精神の生活』（一九七一）にも、アーレント自身の愛の痕跡であるかのように何度も登場している。このAmo:ut sis. という短いが濃密な愛の言葉は、アーレントの人生を貫く言葉だったのだろう。このアウグスティヌスの言葉の力を継承した思想家としてドゥンス・スコトゥスが存在していると、アーレントは考えているのだ。

スコトゥスは言う。「『偶然的』という語によって私が言いたいのは、必然的でないものとか必ずしも常に存在したわけではないものとかではない。実際に起きた時点でそれと正反対のことも起こりえたようなもののことである。だからこそ、私は「これこれのことが偶然的である」とは言わずに「これこれのことが偶然的に引き起こされる」と表現しているのである。

（LM2.p.138：下、一六六頁）

「偶然性」という哲学史におけるネガティブ・ワードを確信的に持ち上げられるのは、それを扱う認識能力を見定め、その能力を存在論や認識論の枠組みの中に位置づけられる哲学地図を持っている場合だけだ。

ここで決定的な言葉は「自ら楽しむ（condelectari sibi）」であって、意志行為そのものに内在する喜びである。これは対象を獲得したときの欲望の喜びとは違うのであって、こちらの場合はいずれなくなるものであり、所有することによって欲望も喜びも消滅する。「楽しむこと（condelectatio sibi）は欲望への近さから喜びを得ており、（中略）意志だけがいつかなくなるというものではないということを理由に、彼は意志と欲望を峻別する」（LM2.p.143：下、一七二―一七三頁参照）。

アーレントとスコトゥス

このような偶然性理解と密接に関連してくることとして、意志における奇妙な分裂ということがある。

意志には、奇妙な分裂があり、すべての精神作用の特徴として思考過程において（ソクラテスとプラトンによって）発見された「一者のなかの二者」という分裂が、〈私は意志する〉と〈私は否と意志する〉（velle と nolle）との間の死闘となっており、そしてこの両者は自由を保障するために必要なのである。（中略）聖パウロやアウグスティヌスの意志の哲学に従って、スコラ哲学者は意志の悲惨さを癒すために恩寵が必要であることに同意する。おそらくはスコラ哲学者の中でももっとも敬虔なスコトゥスがこのことに同意しない。意志する自我を救済するために神の介入は不要である。

（LM2.p.141：下、一七〇頁）

「神を憎んでその憎悪に満足する」こともできるという広大無辺な思考領野を切り開いたうえで、そして神の介入も不必要であるという可能性を示したうえで、そういう自由、危険なほどに拡大された自由において、このような自由があるからこそ、人間は創造された部分であるとしても、神の創造を賛美することができる。宇宙の中で、極微にして一滴のしずくで滅びることが起きる被造物の尊厳の成立する場所を、アーレントは偶然性に随伴された自由に見出す。

自己自身の中に憩う活動がありうるという考え方は驚くべきほど独創的であって、西洋思想の歴史の中に類を見ない。スコトゥスが必然よりも偶然を好み、普遍よりも個別的存在を好んだことと同程度に独創的である。

（LM2.p.145: 下、一七五頁）

スコトゥスは、きわめて煩瑣な哲学体系を構築したとして、無駄に難解な哲学の代表と見なされたりした。しかし、きわめて建築的な思想家であって、斬新な概念をいくつも作り出し、伝統的な哲学概念を大きく改変することを試みて、アリストテレス哲学体系を根本から作り直そうとした。アーレントは、エフレム・ベットーニ（一九〇九—七九）の研究書から「彼の真正の著作のすべてを貫いている建築的思考への情熱」という言葉を援用する。フランシスコ会の系譜に造詣が深く、篤実な研究者だったベットーニの小さな解説書は、スコトゥスの志を伝えてくれる。

アーレントもまた、『精神の生活』において、スコトゥスを自らの思想的基盤として採用するのは、西洋哲学の流れにおいて大きな変革をもたらそうとしたこと、そして未完成のままにとどまったが、偶然と個体性を重視して、それを踏まえて未来への器官としての意志の哲学を構築しようとしたことを、アーレントも継承したからであろう。その流れがカントの判断力に結びついてひとまとまりの哲学になったはずだが、アーレントにおいてもそれは完成間近だったといえ、未完成に止まった。これを継承し、完成させるのは、これからの世代の人々であり、この課題は「未来哲学」の一つの主要基調となるものなのだと私は思う。

注

（1）ハンナ・アーレント「アンジェロ・ジュゼッペ・ロンカーリ——ローマ教皇ヨハネス二三世」『暗い時代の人々』阿部齊訳、ちくま学芸文庫、二〇〇五年所収。

LM2.p.133: 下、一六一頁。cf.Efrem Bettoni, *Duns Scotus: The Basic Principles of His Philosohy*, tr. by Bernardine Bonansea, Catholic University of America Press, 1961. p.187.

参考文献

ハンナ・アーレント『精神の生活』上下、佐藤和夫訳、岩波書店、一九九四年

Arendt, Hannah, *The Life of the Mind: the groundbreaking investigation on how we think*, one-volume edition, Houghton Mifflin Harcourt Publishing Company, 1981.（= LM1, LM2）

未来の現象学

——受肉からマンダラへ

永井 晋

序

(1) 非志向的生の現象学

ミシェル・アンリはその生の現象学によって現象学に未曾有の次元を開いた。それは、従来の現象学が志向性にせよ存在論的差異にせよ、何らかの差異化もしくは地平（アンリの表現では脱自、超越）を現象化の原理としており、そのためそれが主題とする現象性は広い意味での表象（つまり現れるものが地平の中でその外部に晒されて現れること）に限定されていたのに対し、アンリの現象学では生という「実在そのもの」が、その現象の条件としていかなる差異も媒介することなくそのまま自己顕現することにある。この生の現象学の意図をアンリは「非志向的なものの現象学——未来の現象学の課題」と題するある講演で次のように述べている。

> しかし、非志向的現象学は世界を知解可能にするだけではない。それは特殊な領野、生の膨大な領野を持っているのだが、それを探索する手段をわれわれは現在のところほとんど持っていない。断片的な諸指示や荒い直観などはあるが、それは哲学そのものよりも、諸芸術やその他のスピリチュアリティの様々な形態によって与えられてきた。この領野をその特殊性において認識し、連続した歩みを辿り、それに相応しい方法論を展開すること、それが非志向的現象学の課題であり、おそらく明日の現象学の課題の一つであろう。[1]

このような非志向的な現象は従来の志向性の現象学からすれば端的に不可能だが、アンリはそれが可能であるどころか、最も根源的でリアルな現実として法外な強度を持って課せられてくることを、生の内在における現象化の全く新たな仕方を示すことで現象学的に証明したのである。現象学では実際に具体的な現象を示すことが論証、証明に代わるものなのである。

(2)「事象そのもの」の意味の変容

現象学のこの転回において、「事象そのものへ」という現象学のモットーがその意味をラディカルに変容させる。つまり、従来の現象学では志向性が、それが地平的差異を介して空虚に指示していたものが自己贈与されること(Selbstgegebenheit, auto-donation)、すなわちそれ自体として自ずから、明証的に、眼前にありありと(leibhaft, en chair et en os)与えられて充実されることが「事象そのもの」に即することだったが、非志向的な生の現象学では、空虚な志向性が発動して「事象そのもの」を何らかのものの表象に限定する以前に、つまり地平が介入して意識と世界が構成されるに先立って、「実在(生)そのもの」がいかなる空虚も容れない生の充溢という意味での「事象そのもの」として自ずから与えられ、もはやいかなる隠れも残すことなく、またそれを現れの条件とすることもなく、現れ切るのである。前者においては客観的な統一体としての「現れるもの」とその主観的に多様な「現れ」の間に本質的で構造的な「ずれ」(すなわち差異、地平もしくは隠れ)があり、その「ずれ」こそが現象学の活動空間の全てだったのに対し、後者においては「現れるもの」とその「現れ」の間にいかなる差異もなく、両者は完全に一致する。かくしてそれは一つの現象学的な同一哲学を形成する。そこでは「事象そのもの」は同一的な生そのものであり、そしてこの生だけが新たな現象学の「特殊な、膨大な領野」として現れるのである。問題はその具体的な現象を探り、発見することである。

こうして、その厳密な同一性の中で、生が生自身の内部でいかにして生に現れうるのか、そしてそれが実際に、またどのような「膨大な領野」を開けるのかという、現象学の歴史の中では未曾有の問いが発せられる。同一哲学の体制において、生は生自身によってしか明らかにならない以上、それは現象学に、世界には現れることのない(顕現しない、目立たない)生の深部にまで遡ることを要求するが、アンリはこのために従来の現象学の還元を徹底化し、それを反還元(contre-réduction)と呼ぶ。反還元の結果として生そのものが真の意味での「事象そのもの」として自己顕現するに至るが、そこでは生に固有の「原可知性」(Archi-intelligibilité)によって生が生自身を知るのであり、生の現象学とはまさにこの原可知性の哲学としての展開に他ならない。それは、生が生自身を思惟するものとして、同語反復的思惟なのである。[2]

(3)「未来」と「過去」の二つの意味

アンリはまた上の引用文で、世界に構造的に先立って生の内在において生が生自身を顕わにするこの現象学こそが「未来の現象学」だと言っているが、そこで「未来」という言葉は二つの意味を持つと考えることができる。一つは、引用文の最後に言われているように、ごく単純な「来るべき」という時間的な意味である。アンリが開いた生という「実在そのもの」の現象学は、新たな現象学として、未来の現象学者たちによって今後さらに展開されてゆくであろう。もう一つは、生が本質的に「未来化」であることに由来する哲学的な意味である。これから詳しく見ていくように、現象学的には生はもっぱら自己を生むことによって現れる。それは絶えず未来化することであり、従って「生の現象学」とはすなわち「未来の現象学」なのである。[3]

これに平行して、フッサールとそれを継承する現象学を「過去の現象学」と呼ぶことにするが、その際の「過去」も二義的である。時間的な意味での「過去」に加えて、より重要な哲学的な意味は、このタイプの現象学であらゆる経験を可能にする地平が沈殿した過去の意味からなっていることである。志向性による表象的経験は、新たに与えられたもの（原印象）を過去の意味枠の中に組み込んで意味づける（過去把持）ことである。このことをフッサールは「未知は常に同時に既知の一様態である」[4]と表現しているが、この言葉が過去の現象学を端的に特徴づけている。

以上を踏まえて、本論の狙いは、アンリが引用文の中で行なっている指示に従って、非志向的な生という「実在そのもの」の未到の「膨大な領野」を探り、その新たな現象を発見することである。つまり、アンリによる生の諸分析の中から、これまでの現象学を縛ってきた志向性に代わる新たな、リアリティそのものを顕わにする現象学の原理を取り出す。そして、それを通してこれまでの現象学には見えなかった（あるいは見えてもその真の意味が分からなかった）諸現象を発見することができるようになるだろう。

アンリはその可能性を哲学よりも「諸芸術やスピリチュアリティの諸形態」に見出しているが、それは、芸術やスピリチュアリティがリアルな生から距離を取ることなくその内部に巻き込まれ、その只中から生が自己顕現する媒体となりうるからである。それに対して生を概念や意味といった空虚な差異や地平を媒介として表象して語らざるを得ない哲学には限界がある。アンリは哲学の中でも最も「事象そのもの」に迫ることを約束する現象学を使うことで可能な限り生のリアリティに迫ろうとしているが、その諸分析から新たな現象学の原理を取り出すことを試みよう。

1　過去の現象学

アンリが切り開いた生の現象学の新たな原理がいかなるものかを見てゆくが[5]、それを主題的に分析するに先立って、生の現象学から見た過去の現象学の欠陥（つまり非現象学的な先入見）とは何かを明らかにしておく。それは、序論で指摘したように、一連の古典的現象学（アンリはフッサールおよびそれに従う現象学をこう呼ぶ）が差異（空虚地平）をあらゆる現象化の原理とする点である。

(1)　志向性と事象そのものの現前

フッサールによる現象学のそもそもの始まりは現象化の原理としての志向性の発見であり、それによる「事象そのもの」への接近だが、「意識は常に何ものかについての意識である」という有名な志向性の定義は、一つには意識が常にすでにその外部に出ており、初めから「事象そのもの」のもとに超越していること、つまり「世界内存在」を指している。例えばサルトルは志向性を意識（自我）の世界への根本的な超越として実存論的に理解している。

しかしそれはまた、フッサールにとって現象学本来のテーマである現出論の文脈においては、世界内の「もの」が近代哲学的な意味で意識の内部で対象として表象されているのではなく、もの「そのもの」（事象そのもの）が実際に（wirklich）、ありありと（leibhaft）眼前に与えられていること、つまり「自体（自己）贈与」（Selbstgegebenheit）をも意味する[6]。ということは、「もの」の現れの背後に決して現れることのない実体が隠れているのではなく、「もの」はある意味で「そのもの」として現れ切っているのである。この現れの直接性こそが、少なくとも古典的な現象学にとってフッサールの根本的な発見だった。

(2)　地平的隠れとそれによる生の現象の隠蔽

しかし、生の現象学から見るとこの発見の評価にはある留保が必要であり、その留保がこの発見の持つ革命的な意味を減少させている。それはつまり、現象学的な現象において近代哲学的な意味での実体的な隠れはエポケーされ、その結果、確かに「事象そのもの」が顕わになったが、しかしその「事象そのもの」とみなされるものは、それ自体が別の、いわばよりリアルな「隠れ」を条件として現れているということである。この隠れこそが志向性の現出論的な働きなのであり、それは世界内のものの現れをその内部と外部から取り囲む空虚な地平として機能する。いわば、「事象そのもの」に即した、まさにものの眼前の現れの只中にその現象の条件として隠れてゆく、あるいは眼前に現れている隠れの地平こそが、その背後（もしくは手前）にもはや遡ることのできない、古典的現象学が考える現象の原構造なのである。フッサールは志向的現象のこの基本的な機構を「内在的超越」という含蓄ある表現で呼んでいる。[7]

つまり、われわれが眼前に、最もリアルなものとして（そう思い込んで）見ている「事象そのもの」は確かにものの「現れ」だが、それは即ち地平の「隠れ」に他ならないのである。言い換えれば、われわれは諸々の主観的な「現れ」（Erscheinungen）を通して、というよりもむしろよりダイレクトに「現れ」そのものにおいて、客観的な統一としての「現れるもの」（Erschinendes）を地平的隠れとして現に見ている。

ということは、志向性の体制では、ものの現れには本質的に「空虚」が含まれているということである。そしてこの地平的空虚が生の充溢の自己顕現を阻むのである。これが、生の現象学から見たときの古典的現象学の非現象学的な欠陥である。[8] それは古典的現象学にとっては避けることのできない機構だとしても、現象学そのものにとって本質的なことではなく、従って還元を徹底することによって乗り越えることができる非現象学的な先入見なのである。

(3) 原印象と過去把持

このように、地平の差異化という形で働く志向性を基本的な機構とみなす古典的現象学は、世界を彼らなりの「事象そのもの」として顕わにする代償として生へのダイレクトな接近を阻むのだが、この世界（超越的差異化、すなわち「見えるもの」と「見えないもの」の交錯）と生（内在的充溢、すなわち「絶対に見えないもの」）との微妙な関係が、フッサールによる時間の分析、とりわけ原印象の身分をめぐる分析の中で顕わになってくる。つまり、原印象は地平的隠れと垂直の充溢、二つの「事象そのもの」の分かれ目（分岐点、旋回点）であり、これら二つの現象は同じ一つの贈与の二つの異なる方向への現れなのである。

地平を開き、生の実在性を非実在化して現れさせる差異化（「現れるもの」とその「現れ」の現出論的差異、ずれ）は、フッサールおよびその後継者たちの志向的分析では、時間化において始まると考えられている。時間こそがあらゆる現象の基本的条件としての地平（形式）の起源なのである。

フッサールの分析によれば、この時間化が「現れるもの」と「その現れ」の間のずれ（古典的現象学の活動空間）を作り出すのは、各瞬間に与えられる原印象（実際に与えられた主観的な「現れ」）が時間流に従って流れ去ってゆくのを志向性（過去把持）が今に引き留めて統一し、客観的な「現れるものの現れ」として意味付ける（つまり構成する）ことによってである。このうち流れ去りの引き留め（取り集め、統一）が明らかに志向性の働きであるのに対し、原印象の贈与はそうではない。今において仮初に出来上がった統一が刹那に崩れて流れ去ること、すなわち瞬間ごとに全く新たな原印象が与えられること、フッサールの記述によればそれが「根源的に湧出し」、「自然に（自発的に）発生する」ことは志向性の働きではない。つまり、志向性の最初の働き（過去把持）は志向性に先立つ非志向的な何らかの出来事（贈与）を前提している。「現れ」が「現れるものの現れ」として志向性（過去把持）によって意味付けられる（構成される）のは事後的でしかないのである。古典的現象学が志向性による世界の「はじめ」だと考えていたものは実際は第二の始まりであり、それには非志向的な生の第一の「はじめ」が先立つ。だとすれば、まだ何ものの現れとしても限定されていない、いわば主観の底（つまり生）に端的に与えられる無限定の「現れ」が瞬間にでも成り立つことになる。

さらに、古典的現象学においては、この原印象と過去把持の関係に関して、むしろ過去把持が原印象の贈与に先立ってすでに働いているのではないかという問いが立てられる。だとすれば、原印象はあくまでも意識（志向性）の側から、実際に独立した現象としては経験できない極限理念として考えられる。

しかし、還元（アンリの言う反還元）を生そのものにまで徹底して生の中から見ると、この問い自体が有効性を失うのが分かる。それはあくまでも地平的な見方から立てられた素朴で擬似的な問いであり、生という「事象そのもの」から生じる問いではない。これは、志向性が形成する、実在性、つまり真の意味での「事象そのもの」から遊離した意味空間の中で、その空間に固有の閉鎖性ゆえに発生する錯覚の一つである。そしてその素朴性は、志向性によって現れる世界内の現象に目を奪われて、非志向的な生という「事象そのもの」に固有の現れ方を知らないことなのである。

原印象がそれだけで与えられるというのは、現象化の可能性として地平方向でのみ働く、つまり表象し、それによって脱実在化する志向性しか知らない古典的現象学にとっては明らかに非現象学的な素朴な見方である。しかし生の現象学からすれば、つまり生という実在そのものにまで反還元すれば、逆に、この狭い考え（アンリの表現では「存在論的一元論」）こそが、「現れるもの」（生そのもの）とその「現れ」が完全に合致するまで徹底していない素朴な考えなのである。還元を超越論的主観性への還元より深く、実在そのもの（生）に至るまで深めるなら、志向性とは別の、より根源的な生の現象化（自己顕現）の可能性が見出されてくる。

2　未来の現象学

(1)　還元から反還元への徹底化

フッサールの超越論的還元は超越論的主観性で停止する。その主観性とはすでに構成された自我ではなく、根源的な時間化（原差異化）であり、それによって初めて自我と世界が共に構成されて現れる出来事である。この還元には志向性による構成が対応しており、それをはみ出すものは決して現れることなく、従って現象学的には問題にならない。

しかし、知識論を超えた現象学の究極の可能性としての形而上学（生の現象学）から見た場合、この還元は明らかに不徹底であり、それゆえに実在そのもの（生）を覆い隠す。実在そのものとしての真の「事象そのもの」を実現する「現象学そのもの」を目指すなら、現れるものが完全に現れ切り、現れと一致するような純粋現象性に向けてさらに還元を徹底せねばならない。

その結果、古典的還元が超越論的主観性による世界構成に相関するのに対し、生（実在そのもの）への反還元は生の完全な、同語反復的な自己顕現（自己贈与）を解き放つ。還元の徹底化によって世界の構成は生の自己顕現に取って代わられるのである。アンリはかつてマリオンが『還元と贈与』で提起した、古典的現象学が無自覚に前提しているとされる新たな現象化の原理を「還元すればするほど贈与がある」（Autant de réduction, autant de donation）という「現象学の第四の原理」として定式化したが、それこそが、アンリ自身の反還元に妥当する。[9]

(2)　生の自己産出としての原印象

この徹底した還元を経て、改めて生の内部から原印象と過去把持（志向性）の関係を見直してみると、古典的現象学の記述がこの二つの位相が接続する出来事をその外部から見たものでしかないことが明らかに分かる。それは、この分析が、古典的な意味での「事象そのもの」に即してはいても、生の「事象そのもの」には迫っていないからである。

過去把持による原印象の取り集め（綜合・統一）は、志向性の働きである以上、内的な生そのものの関係ではあり得ない。志向性は意識として原印象に対してその外から、つまりそれが原的に与えられた後で、それを綜合・統一するという形でしか関わり得ない。その深い理由は、過去把持（志向性、意識）は現象の「形式」であり、それゆえその「内容」とみなされた原印象を自ら「生む」ことができないからである。アンリが彼の時間分析の決定的な箇所で強調しているように、形式と内容は「見ること」をモデルとしたギリシャ哲学に由来する概念であり、それらは相互に外的で、形式が内容を生む、あるいは創造することはできない。過去把持の外からの介入を全て断ち切って原印象そのものに、というよりもむしろ原印象を通して生そのものに直接、つまりその内部から接近できるのは生だけである。それは生が生自身を生むことによってなのである。それが、志向性では生に決して接近できない深い理由である。生の本質が「自己を生むこと」であることは後で改めて論じる。

(3) 原印象から印象への転回

以上で、現象学的時間論の古典的な問い、つまり原印象と過去把持（志向性）の関係に生の現象学から一つの答えが出た。つまり、原印象は過去把持によって意味付けられ、外部の何かの現れとして限定されて現れさせられる以前に、原印象に固有の「自己を生む」という、志向性とは別の仕方で、それだけで、自ずから現れているのである。

ここで、アンリは「原印象」（impression originaire）から端的な「印象」（Impression）への転回を指示する。原印象の「原」は、それが過去把持の志向性によって回収されることを含意しているが、その関係から切り離されてそれだけで見られた場合、むしろ端的に「印象」と呼ぶべきである。また、原印象は志向性の素材（ヒュレー）に切り詰められることで、それ自体が実在として内に含む潜在性を一つの「現れるもの」の意味へと一義化されてしまう。それは、原印象が本来含んでいる生の充溢を、単に空虚志向（志向性）を充実するだけの機能に限定してしまうことを意味する。原印象の印象への転回は、このようにして志向性に奪われた生の充溢を取り戻させることである。それは原印象を表象して世界を開く代償としてその固有性と実在性を奪う志向性の地平から、そこで印象そのものが実在そのものとして垂直に、つまり内的に自己顕現する生の内在への転回なのである。

ただし、この転回の結果、過去把持による原印象の回収が単純に否定されるのではない。というのは、実際の経験の中では、原印象は確かに過去把持を介して世界の何らかのものとして現れるが、それと同時に生自身の現れとして、それだけで内的に自己顕現（自己産出）しているからである。これら二つの現れは相互に排除するのではなく、むしろ二つが重なって具体的な経験が生じる。

例えば、目の前の絵画を見ている時、あるいはある楽曲を聴いている時、見る働き、聴く働きはさしあたり志向性によっていると考えられる。その時、「最初に」与えられる原印象は、過去把持によって統一・綜合され、絵画の現れ、あるいは楽曲の現れとして意味付けられる。それによって原印象はそれが本来持つ生としての深みを取り去られて、もっぱら対象が主観的に現れることとして機能する。それと同時に、同じ原印象において、絵画を見ることそのこと、楽曲を聴くことそのことが、生として自己を直接、その内部から「感じている」（s'éprouve）のである。絵画や楽曲を単に知覚することは志向性の働きだが、その知覚によって心を動かされる時、それは志向性ではなく、生がその内部で自分自身を直接感じ取り、「自己触発」しているのである。

原印象を限定する志向性は意識の働きだが、意識はその深部において生である。生がその極く表層において、その極めて限定された機能である意識として働くのである。同じ（原）印象が同時に意識によって知覚され、また生において直接感じ取られるのは、生と意識のこの階層構造、あるいは両者の基本的な同一性を考えれば当然のことである。

ただしこの「感じる」ことは、感じるものと感じられるものが同じ生であるため、自己との間に距離を取り、志向性を介して自己を外から感覚することではない。それは生の内在において全く無限定の生自身を直接「被る」ことである。それは決して「受け取る」ことではない。「受け取る」ことはいかに受動的であっても志向性を前提するからである。ここから見れば、志向性は、生の法外な強度を持った自己贈与から身を守るために生自身が作り出した防衛規制なのだとも言える。

従って、アンリが使う«s'éprouver»（自己を感じる）という動詞の多義性に従って、「感じる」ことは「試練を受ける」ことでもある。この生による生自身の同語反復的な自己贈与をアンリは初期の『顕現の本質』以来一貫して「自己触発」とし、その法外な経験を「苦しみ／悦び」という情感性として記述する。

(4) 自己触発から自己産出へ

ただし、この自己触発は生の自己触発として、当然ながらカントおよびハイデガー、メルロ＝ポンティなどが持ち出す図式としての自己触発とは根本的に異なっている。彼らが自己触発と呼ぶものは志向性の原型としての時間化（原差異化）であり、従って外部世界に向かうものであると同時に、すでに経験の外部から見られたもの、つまり意識が自己を反省して捉えた形式に過ぎない。つまり二重の意味で外部に関わるのであり、内在的生という実在そのものの構造ではない。そこでは「触発するもの」と「触発されるもの」が別のものとして想定されており、それらの「間」の触発によって時間化が起こり、可視性の地平が開かれる。これに対してアンリが自己触発と呼ぶのはその地平そのものの垂直の自己顕現であり、それ自体は現れるために地平的構造を持たない。

それは具体的には生の外部に出られない閉塞の「苦しみ」であり、生が生の内部で生に「押し潰される」経験であるが、しかしそれはまた、生がその内部で自己自身を新たに生み出し、生の力が増大してゆく「悦び」でもある。

このように自己触発は、それが図式的（地平的）な時間化の自己触発ではなく、生そのものがその内在において生自身に自己顕現する同語反復としての自己触発であるためには、先に原印象が過去把持から独立にそれ自身で現れる機構として見たように、「自己産出」でなければならない。時間化し、自己と自己の間に距離を取ることで現れる（自己構成する）のではなく、生そのものが自己とのいかなる差異も媒介せずに厳密な意味で自己顕現するための唯一の手段は、生が生自身を自己自身の内部で生むことである。「生の自己産出」こそが、生の現象学が求めてきた、あるいはそこから出発した未曾有の出来事、リアリティの直接的な現れなのである。

「自己を生む」ことは、一つの生があくまでも同じものに留まりながらしかも絶対に異なるという、地平の論理においては矛盾でしかない出来事を可能にする、というよりも生はまさにその矛盾からなっている。内在において実際に起こっている最もリアルな出来事が、外部から見ると矛盾でしかない。先に原印象と過去把持のつながりに関して見たように、印象と印象がその外部の志向性によって原印象として後から／外から統一されて「何か」の現れとして限定されるのではなく、印象が印象とそれ自体で、つまり生の内部で繋がってゆくには、印象と印象を別々の瞬間に与えられた二つの原印象とみなし、それらが後から何らかの仕方でつなげられて連続を形成すると考えるのではなく（そう考えるのは還元の不徹底ゆえである）、ただ一つの生が瞬間ごとに自己を新たな印象として生むと考えるしかない。フッサールが1905年の時間講義においてなお素朴な仕方で時間の図表で描いたように[10]、まず複数の（原）印象が与えられてそれが沈下してゆくのを志向性が引き留めて連続させる（構成する）のではなく、瞬間ごとに生が新たな印象として自己を生むのである。このように、生が自己触発するのは自己産出することとしてのみ可能である。

アンリは、初期以来生の現象として記述し続けてきた自己触発を、後期の受肉の分析に至って自己産出にまで深めてゆくが、この生の自己産出こそ、非志向的な生の現象学が発見した未曾有の現象化原理である。アンリはそれを、キリスト教において「受肉」として伝えられてきた「（自己を）生むこと」の原理として、古代ギリシャ以来西洋哲学を支配してきた「見ること」の原理に対立させている。過去の現象学から未来の現象学への移行は同じ時間軸上での過去から未来への進化ではなく、「見ること」から「生むこと」への原理的な転回なのである。

3　受肉と真理

(1)　受肉の現象学

アンリは、本論冒頭の引用で、生は哲学よりも芸術やスピリチュアリティの諸伝統において見出されることを指摘していた。それは、生がそれ以外の何ものにも媒介されないリアリティだからである。リアリティでありながらしかもそのまま現れるという事態は哲学の理性的な能力を超えており、そこからすれば矛盾でしかない。しかし多くの芸術や宗教はまさにその矛盾から成り立っている。そのようなリアリティとしての生の現れをアンリはキリスト教の受肉に見る[11]。そしてその教義を生の現象学として分析するために、神を生と同一視する「ヨハネによる福音書」、とりわけその序論を参照するのである。

受肉とは不可視の神が人間マリアとの間に息子を生み、それを通して世界（被造界）に現れた出来事だが、神が息子を生むことで世界に現れるという出来事は、確かに現象学的な出来事として理解することができる。しかもそれは本来なら絶対に「見えないもの」（隠れたもの）が見えるようになった（顕わになった）こととして、志向性の現象学ではなく、リアリティとしての生の現象学の管轄に属する。絶対に不可視の生がそれにも関わらず全く新たなものとして現れること、それが自己を生むことである。フッサール現象学の用語を使うなら、それは生が印象として自ずから、それ自体として自己贈与することである。この自己贈与をアンリは「自己啓示」、「自己到来」、「自己回帰」などと呼んでいるが、それは知覚されて現れる平板な現象ではなく、宗教的な意味での「啓示」であり、生が自己に到来して初めて自己になることであり、また自己に帰ることでもある。

(2)「はじめに〈御言〉があった」

そのような現象学的な意味での受肉を、アンリは生が〈原息子(Archi-fils)〉を生むこととして記述するが、それはすなわち生が〈原息子〉として自己を生むことである。「原息子」の「原」(Archi-)というのは、生そのものが自己の内部で自己を生んだものであり、まだ地平世界に現れてはいないことを表す。時間分析の用語では、原印象に対する印象にあたる。[12] それを原印象として志向性を介して知覚してしまえば、息子キリストの肉は現世もしくは被造界(現象学的には地平世界)で人間と同じ肉体として現れる。しかしその原印象の実体が生の自己顕現としての印象、つまり神の息子を通しての現れであることが、受肉の出来事を構成しているのである。

こうして、生は原息子キリストを生むこと、すなわち原息子として自己を生むことで生となる(自己到来し、自己回帰する)が、アンリによればこれが、ヨハネがその福音書の冒頭に語った「はじめに〈御言〉(Verbes)があった」[13]という言葉の意味するところである。この〈御言〉は〈原息子〉キリストだが、[14] これを生の現象学として解釈すると、「はじめ」は原印象を過去把持が取り集めて世界を現れさせること(宗教的には「天地創造」)ではなく、むしろ「はじめ」に先立つ第一の「はじめ」に(原)印象がそれ自体で与えられ、あるいは生まれてくる真に原初の出来事である。そしてそれが生の自己産出なのであった。それは世界「創造」(création)、つまり志向性を介した世界構成に先立つ自己「産出」(auto-génération, auto-engendrement)、であり、原印象の自律的な自己顕現なのである。

(3)「我こそが真理」

ところで、生が自己の内部で自己を〈原息子〉として生んで現れるこの受肉の現象学的過程において、生まれた〈原息子〉は生む父(神、生)とは絶対的に異なる一個の人格である。つまり、生はラディカルに自己差異化もしくは二重化するのだが、しかも唯一の生に留まる。生は世界の中で差異化され、地平の中で現れればもはや唯一の同じ生ではなく死せるものになってしまうが、生の内部で自己差異化（自己産出）することは、全く異なる、つまり絶対に新たなものになることでむしろ生が生になることである。父は子という別の人格の誕生によっていったん断続するかに見えるが、この断続を介して内的に連続し、新たになるのである。[15] つまり、〈原息子〉を生んで現れることは生が新たになること、未来化することなのである。こうして、われわれはこの論の冒頭に帰ってきた。アンリの生の現象学は未来の現象学なのである。そしてそれは真理の現象学でもある。

　つまり、生が〈原息子〉として自己を全く異なる、絶対に新たなものとして生み、それによって自己到来する（自己になる）ことは、現象学的には「完全に現れ切る」ことである。この生の現象化では「現れるもの」とその「現れ」が完全に一致する。あたかも何事も起こらなかったかのように、目立たない仕方で[16]、生はその内部から一切出ることなく同語反復的に自己回帰する。

　そして、この完全に現れ切った生の純粋現象こそがリアリティそのものの現れとしての「事象そのもの」であり、現象学的な「真理」なのである。徹底化された現象学的な真理は空虚志向の直観的充実でも「隠れつつ現れていること」でもない。それらは生から見ればなお限定されており、真のリアリティに達していない。それらに先立って生という実在そのものがいかなる隠れも、従ってそれによる限定もなく現れ切っていること、その最もリアルな出来事こそが真理なのである。「我こそが真理」（«C'est moi la Vérité»）という「ヨハネによる福音書」の中でのイエスの言葉[17]はその意味でこそ理解されねばならない。

4　受肉からマンダラへ

以上のように、アンリは志向性に代わる「自己産出」という新たな現象学の原理を発見し、それに従って現れる「生の膨大な領域」の中から受肉というキリスト教スピリチュアリティの伝統に固有の現象を記述した。

　われわれが生の現象学を実践するためには、この模範的な分析を手引にしつつ、新たな生の現象を発見しなければならないのだが、そのような現象の典型的な例として密教の胎蔵マンダラを提起する。[18] マンダラこそが、受肉よりさらに適切な仕方で生の自己産出を表現する現象であると思われる。

(1) マンダラとは何か

密教はヒンドゥー教の生命論の影響の下に仏教の根本原理である空を生へと読み替えてその産出性、創造性を強調するが、胎蔵マンダラはそれを中心（一）から周辺（多）に向かって増殖してゆく象徴的イメージで表現したものである。そこでは一つの閉じた空間の中で、大日如来を中心としてその周りに多くの仏が十三のグループ（院）にまとめられ、それらが中央の中台八葉院からそれを囲む三重の地帯へと段階的に配置される。

このマンダラは「胎蔵」と言われるように生／空を母胎としてイメージしており、その中の諸仏は中央の大日如来が生んで自己展開したものである。その自己産出は中央の中台八葉院に始まり、その周囲の諸院へと進んでゆく。こうして生まれるマンダラ空間は一つの全体として閉じているが、その閉鎖性は母胎の狭さを表しているとも考えられる[19]。

中台八葉院は生／空が最初に自己顕現する院だが、その自己顕現の過程が蓮華で表されている。蓮台の中心に描かれた大日如来は生の未展開の潜在性を表しており、それが上下左右に四人の如来として、そして斜めの四方向に四人の菩薩として自己を生み、展開する。唯一の生が八人の如来／菩薩へと自己展開していく過程が蓮華の八枚の花弁によって象徴されているのである。

(2) 〈即〉の現象化原理

ところで、唯一の大日如来が母胎の中で多数の仏として自己増殖してゆく胎蔵マンダラの構造は、空の現象化原理であり、とりわけ華厳経に説かれる「一即多」の〈即〉を表現したものでもある。すなわち、大日如来で表される未展開の一なる生そのものと、それが生んで自己展開した諸仏とは厳密に（即）同じものだが、生はその諸仏を生んで自己媒介することで初めて生となる。現象学的に言えば、先にアンリの生の現象学に即して見たように、「現れるもの」（空／生）とその「現れ」（諸仏）は厳密に一致するのである。

ところで、それこそがアンリが生の現象学の根本原理とした「ヨハネによる福音書」冒頭の「はじめに〈御言〉があった」という言葉の現象学的な意味だった。つまり、生としての神が自己を〈原息子〉として生んで現れることで神／生となるのと同じく、生としての空はマンダラの諸仏として自己を生むことで自己顕現し、空／生となる。というより、〈即〉で表されるその自己産出の過程そのもの（蓮華の開花）が生／空である。このように、受肉においては神／生は一人息子イエスを生んで現れるのに対し、マンダラでは空／生は大日如来が多様な諸仏として現れるという違いはあるものの、受肉とマンダラはアンリが発見した「生の自己産出」という実在そのものの現象化原理の歴史的に異なる二つの形態に他ならないのである。

(3) マンダラの現象学

現象学的に見ると、マンダラは生／空が自己顕現したものとして、それに固有の自己触発によって現れる。それは、先に見たように、カントやメルロ＝ポンティが世界の現象化の原理と考えた脱自的地平を開く時間化としての自己触発ではないが、それと同時に、アンリがそれに対立させた、いかなるイメージも伴わない内在的生の自己触発でもなく、いわばそれらの中間で起こる微細（霊妙）な(subtil)自己触発である。[20] それは、地平的世界を現れさせる粗大な(grossier)自己触発に対して、実在そのものとしての生をその内部で象徴的なイメージとして原像化させる。そこでは、カントの図式論において世界を像化する自我の能力としての生産的想像力に、実在そのものが自己顕現する機能である創造的想像力(imagination créatrice)が取って代わるのである。[21] そしてそれは、時間意識の分析の文脈では、原印象をその出現の後から、従ってその外部から過去把持が回収する粗大な時間化ではなく、生そのものの内的自己時間化である微細な時間化の働きなのである。

この微細な時間化が、まさにマンダラにおいて、大日如来からの周辺の諸仏の産出（中央から周辺への拡散）と、それら諸仏から大日如来への回帰（周辺から中心への収斂）という逆方向の動きからなる超時間的な過程として示されている。[22] それは、地平を開き、そこで志向性を介して実在を外部に晒して表象する時間化に対して、まさにマンダラのイメージが示しているような、生が自己の底に垂直に自己を生み、多様な（諸仏の）形をとって自己顕現してゆくリアリティの時間化である。そこで現れるイメージは生がその内部で象徴として自己顕現したものであって、決して志向性を通した外部の地平的世界の現れではない。生の内部から見れば後者は空虚からなる錯覚であり、前者こそが生の充溢したリアリティそのものが象徴としてイメージになったものなのである。印象そのものは、原印象にすり替えられて過去把持され、粗大な現象に切り詰められる以前に、この微細な時間化によって生の充溢のままに出現する。この微細な時間化が、マンダラの構造によってイメージ的に示されている。フッサールは『内的時間意識の現象学』において、非連続に与えられる原印象を過去把持が外部から連続させていく過程を逆三角形の図表でイメージとして示そうとしたが[23]、その上部の線で示された（本来は線で描くことができない）原印象の断続的自己贈与を、生の内部に入って（すなわち反還元して）その内側から描いたものが胎蔵マンダラなのである。

　マンダラは、生そのものが象徴的イメージとして現れたものとして、本来知覚や鑑賞の対象ではなく、それを通して生の内部に入ることができるいわば生への入口である。生とのこの同一化は密教の修行では「加持」として実践されるが、現象学の文脈ではそれが反還元を遂行することに他ならない。反還元は、粗大な自我や時間化を超え、それらによって作り出される錯覚に抗して、実在そのものの中に、それが自ずから顕わになってくるまで深まってゆく。そこで、「苦しみ／悦び」の情態性では記述しきれない新たな諸現象を発見してゆくことがまさに「未来の現象学」の課題なのである。

注

（1） Michel Henry, *De la Phénoménologie, Tome I Phénoménologie de la vie*, Paris, PUF, 2003, p.121.

（2） ハイデガーはその晩年に提起した「顕現しない（目立たない）ものの現象学」において、存在「そのもの」は同語反復でしか語れないと主張している。彼は「存在は存在する」というパルメニデスの言葉を現象学的に「現前しつつ：現前することそのこと」(«Anwesend: anwesen selbst»)という同語反復で語り直しているが、この同語反復はなおある種の二元性を現象化の原理としている限り、アンリの生の同語反復にまで至っていない。存在と生の根本的な差異がこの二つの同語反復の違いに現れている。生は存在よりはるかに、リアルなのである。Cf.Martin Heidegger, Gesamtausgabe, Band 15 Seminare, Frankfurt am Main, Vittorio Klostermann, 1986, p.397-399.

（3） 永井晋「未来哲学としての東洋哲学」（『未来哲学』創刊号、ぷねうま舎、二〇〇一年、二七―四四頁)、「生命の自己形態化としての言語――カバラーの文字神秘主義とレヴィナス」(『未来哲学』第三号、ぷねうま舎、二〇〇一年、二八―四四頁)を参照。特に後者の提題において、カバラーにおける言語を通した生の未来化を論じた。

(4) Edmund Husserl, *Erfahrung und Urteil*, Hamburg, Felix Meiner, 1972, pp.33-34.

(5) 以下の論述では主にアンリの次の諸テクストを使用する。Michel Henry, Incarnation. *Une philosophie de la chair, Paris, Seuil, 2000; ibid, C'est moi la vérité. Pour une philosophie du christianisme*, Paris, Seuil, 1996; ibid, Phénoménologie hylétique et phénoménologie matérielle, in: *Phénoménologie matérielle*, Paris, PUF, 1990.

(6) ここで「自己/自体贈与」と訳したSelbstgegebenheitは現象学の基本タームの一つだが、Selbstは二つの意味を持つ。まず、事象が自ずから与えられていること(自己贈与)。そしてそれが「そのもの」として与えられていること(自体贈与)である。アンリの生の現象学は、フッサールの現象学以上にこれら二つの意味での自己/自体贈与を実現している。

(7) この、隠れがそのまま現れる志向性の構造にレヴィナスは特別の注意を払っており、それを地平的次元から垂直の次元に転換させて使用している。彼の語る「他者」(神)は他人の顔の現前において「隠れつつ現れる」のである。

(8) この空虚な地平は後期メルロ=ポンティによって存在の「奥行き」、「厚み」へと存在論的に深められており、その意味では肯定的な現象となる可能性を持っているが、アンリの生(リアリティ)の現象学からすればそれは現象学の完遂を阻む非現象学的な前提でしかない。

(9) Michel Henry, *De la phénoménologie de la vie, Tome I Phénoménologie de la vie*, Paris, PUF, 2003, pp.77-104, IV Quatre principes de la phénoménologie. アンリはマリオンの「最後の呼びかけ」と「アンテルロケ」(唖然とさせられた者)という自己贈与をあまりにも抽象的で、それゆえ非現象学的だとして非難し、それに対して彼自身が分析する生の自己贈与(自己啓示、自己到来)は具体的な現象学的記述だと主張している。

(10) Edmund *Husserl, Husserliana Bd.X, Zur Phänomenologie des inneren Zeitbewusstseins(1893-1917)*, Haag, Martinus Nijhoff, p.28.

(11) このことはアンリの生の現象学がキリスト教を論理化するスコラ哲学だということではない。むしろ生の現象学の一形態が受肉なのである。「生の自己産出」は志向性と並ぶ、というよりもそれより深い現象化の普遍的な現象学的原理であり、その一つの現れが受肉なのである。同じ原理をそれ以外の様々な現象に見出すことができる。

(12) 受肉の文脈における〈原息子〉の「原」と時間意識の分析における原印象の「原」とは逆のことを表す。〈原息子〉の「原」はそれが純粋に生の内部で生が自己産出したものであることを表すが、それは時間意識の分析で「原印象」に対して「印象」と言われていたものにあたる。他方、「原印象」の「原」は、〈原息子〉の「原」とは反対に、印象が志向性に従えられて生の外部の何らかの対象へと意味づけられることを示す。

(13) 「はじめに、ことばがいた」。『新約聖書Ⅲ ヨハネ文書』岩波書店、一九九五年、三頁。

(14) ユダヤ教ではイエス=〈御言〉(Verbes)が文字通り「言葉」(ヘブライ語)であり、神秘主義カバラーではそれが神そのものが二十二文字の形をとったものだと考える。それらの文字を組み合わせてできた聖典『トーラー』のテクストを絶えず新たな意味で解釈することがカバラーの聖典解釈学だが、それは言葉を通して生を未来化することであり、アンリの受肉と同じく生の自己産出に他ならない。永井晋「生命の自己形態化としての言語―カバラーの文字神秘主義とレヴィナス」（『未来哲学』第三号、ぷねうま舎、二〇二一年、二八―四四頁）を参照。

（15）レヴィナスは、これと同じ主張を『全体性と無限』第四部の「エロスの現象学」、とりわけ「父子性と兄弟性」(Filialité et fraternité) の議論で行なっている。「自己は父であることにおいて自己自身から解放されるが、だからといって自己であることをやめるわけではない。自己はその息子であるからである」。Emmanuel Lévinas, *Totalité et infini*, Haag, Martinus Nijhoff, 1980, p.255.

（16）これは「顕現しない（目立たない）ものの現象学」(Phénoménologie de l'inapparent) の意味での「目立たなさ」、つまり地平上には現れないが、より深いレベル（ここでは生）で現れていることである。

（17）「私は道、真理、命〔生〕である。私を介してでなければ、誰も父のもとに行くことはできない」（『新約聖書Ⅲ　ヨハネ文書』岩波書店、一九九五年、七八頁。

（18）ここでは多くのマンダラの中でも生の自己産出構造を最も良く示す胎蔵マンダラに限定する。

（19）この母胎＝生の閉鎖性（狭さ）は、アンリが「苦しみ」と記述する生の閉鎖性（狭さ）に通じるものである。

（20）一般にグノーシス的思考において実在そのものが世界内で表象されて現れる以前にその内部で自己顕現したものを「微細（霊妙）」(subtil) と呼ぶ。

（21）この意味での「創造的想像力」はとりわけアンリ・コルバンによって理論的に展開された。Cf .Henry Corbin, *L'Imagination créatrice dans le soufisme d'Ibn'Arabi*, Paris, éditions Entrelacs, 2006.

（22）井筒俊彦『意識と本質』岩波書店、二〇〇一年、二五一―二五四頁を参照。井筒はマンダラで表されたこの出来事を非時間的な構造としているが、ここでは敢えて現象学の文脈で、生自身のある種の時間化と捉える。

（23）注（10）を参照。

未来哲學の発展に寄与する「キリスト教神學」の方途

――徹底的に「相手」を大切にする体当たりの生き方を究めること

阿部仲麻呂

はじめに　世界哲學・未来哲學・キリスト教神學

私たちがつかみ得る時空間での生活の意義を闡明することに留まらず、私たちの死後の世界の在り様をも考える視座が末木文美士先生によって、二〇一九年から今日に至るまで「未来哲学」として志向されている（未来哲学研究所が設置され、『未来哲学』誌も八号まで刊行されており、本誌が別冊として公刊される）[1]。

私たちが死んだ後には子孫や後輩たちが活き活きと活躍する世界が到来することになるが、そこにおいては死後の私たちもまた独自の仕方で現世の次世代の方々との交流を存続させることになる。しかも、さかのぼれば、いにしえからつづく人類の数知れない諸先輩たちの死後のたましいもまた私たちを見守りつつ育んだのであり、彼らの後輩としての私たちも先人が志向した未来の歩みをたどった。このように考えると、先輩→私たち→後輩、という世代をまたいだ人びとの連携の歩みが、過去と現在と未来とを重ね合わせるかたちで、独自のいのちの流れを紡ぐダイナミズムを生み出していることが明らかとなる。

しかし、いま述べた仕儀は私たちが発見するよりもはるかに以前から理解されていたものである。たとえば、キリスト者の生き方を方向づける古代一世紀後半から二世紀にかけて受け継がれた信条を原型として、漸次的に成立した「使徒信条」における「聖徒のまじわり」という発想[2]や、日本の中世期、室町時代の世阿弥による複式夢幻能における「死者と現世人との交流」などが挙げられる[3]。

「世界哲學」が、諸地域の思想研究において全地球規模で視野を広げつつ総括化する仕儀を表明していると理解すれば、「未来哲學」は森羅万象の時間的流れの全体を総括する深さを目指していると観ることができよう。つまり、

「世界哲學」と「未来哲學」とは相互相即的に影響を与えつつ補い合い、空間的な全体性と時間的な全体性とを立体的に拡張しつつ俯瞰する巨視的視座（マクロコスモス）を構築する作業となるのであり、同時にそれぞれの要素の微視的視座（ミクロコスモス）をも透徹したまなざしで眺めることにもつながる。いわば「全一的な哲學」を創出することが、これらの研究方向が示す実りなのである。

これまで、キリスト教のローマ・カトリック教会の立場に沿って生きてきた筆者は、三七年間にわたって「哲學」および「神學」の研究に打ち込む（一九八七―二〇二四年）と同時に、約二二年かけて「哲學」および「神學」の學問的な教育にも携わってきた（二〇〇三―二〇二四年）。しかも、常に「哲學」と「神學」とを橋渡ししつつ両者を包摂する統合的な領野としての「基礎神學」[4]（Fundamental Theology）の學的洗練を目指してきた。こうして現時点でいだいているささやかな感慨をつづることで、「未来哲學」とも連携する學術研究上の更なる前進を期したい。なお、筆者の専門はギリシア教父の三位一体論なので、本書の論述内容においてもキリスト教の古代教会の発想を多く採り入れていることを、ここで申し添えておこう。

一　「相手」（神、隣人）との活きた関わりを出発点とする神學

キリスト教信仰の立場に立脚する「神學」とは、至極大局的に言うと、尽きせぬ想いを心に秘めて「相手」（神および隣人）と渡り合う日々の営みを言語化する試みである。いかなる人間をも受け容れて、「かけがえのない相手」として共に歩んだイエス＝キリストの愛情深い志を動機として、神學者はこの世の出来事の意味を問う。それゆえ、常に相手を大切にする人格的な関わりが肝要となる。そして昨今、相手との人格的な関わりにとどまらず、あらゆる生きものや環境そのものに対する森羅万象への温かなまなざしも欠かせなくなってきている。[5]つまり、相手と自分のいのちとがお互いに響き合って相互補完的に育む「いのちの場」、そこにおいて響き交わしつつ存在することで「統合的ないのちのまどい」（神のおとりはからいにもとづく森羅万象の家族的な交流の姿）が現成する事態を生き、眺め、記述する不断の努力を積み重ねるのが神學者である。

初めに、神が「愛情のこもった呼びかけの声」を発する（ヨハネ福音書一1、ルカ福音書一九5）。たとえば、幼稚園で

つまはじきにされて誰からも声をかけてもらえぬ園児がいるとする。彼は独りさびしく砂場でうずくまっている。毎日が闇となる。時が止まり、生き地獄となる。しかし、背後から自分の名前を呼んでくれる相手が近づいてきたときに、闇は一挙に照らされる。つまり、灰色の人生が瞬時に薔薇色になる。愛情に満ちた時が流れ始める。実に、創造のわざは「相手を大切に呼ぶ一声」から始まる。相手から大切にされ、名指しで呼ばれた人は、混沌とした闇のなかから立ち上がる（復活する）ことができる（ルカ一九8）。喜び。光。相手から包まれた安堵感。この稀有な事態を黙想しつつ解明することが神學の役割である。

「はじめに、ことば（ロゴス＝キリスト＝神からの愛情深い呼びかけ）があった」（ヨハネ一1）。その聖書箇所は、「はじめに、神からの愛情深い呼びかけがあった」とも訳せるかもしれない。物事のはじまりとしてのロゴス。新約聖書のなかに収載されているヨハネ福音書に出てくる「ことば」という術語は、もともとのギリシア語では「ロゴス」である。「ロゴス」には、物事の根拠、法的な決まり、という一般的な意味がある。しかし、二千年前にキリスト教がギリシアやローマ帝国で広がったときに、キリスト者たちは「ロゴス」に別の意味をもたせて用いた。キリスト者たちは、「ロゴス」を「キリストそのもの」として理解した。彼らは、「キリストそのもの」がまさに「神の発したことばそのもの」として、この世に遣わされ、数多くの人びとに励ましを与えて、人びとの人生の歩みを闇から光の状態へと転換させてゆく、と考えた。灰色から薔薇色の人生へ。「キリストによる愛の呼びかけ」を人生の根本的な原理として生き抜く者がキリスト者なのである。こうしてキリスト者は「愛の至上の体現としてのキリスト」を「ロゴス」（根本原理）として選び取って生きようと努めている。

誰かから親切なひと声をかけられたときには、誰もがうれしく感じるはずである。たとえば、旅行に行ったときの情景を思い浮かべてみよう。まったく知らない土地の空港に初めて降り立ったときに、たまたまそこに旧知の友が偶然に居合わせたとしたら、私たちは安堵する。すでに知っている相手のことばを聴くことが、異なる土地であっても安心感を与えてくれるからである。

苦難を負った人間のありのままの姿を最も鋭く活写したのがイスラエルの民の物語であり（ヘブライ語聖書〔キリスト教的に言えば「旧約聖書」のこと〕）、その民の物語がイエス＝キリストをとおして洗練され、諸国民にまで開かれた普遍的な希望のメッセージへと高められてゆく（ギリシア語聖書〔キリスト教的に言えば「新約聖書」のこと〕）。こうした救済史全体の展望を意味あるものとして大切にするのがキリスト者であり、その更なる解釈が神學という独自の學問として発展させてきた。こうして、常に「相手」との活きた関わりの尊さを自覚して言語化する作業が神學者の本務であることがわかる。

二　深い経験に支えられた、かぎりないよろこびの感覚

「はじめに、ことばがあった」。誰かが声をかけてくれることから、すべてが始まってゆく。おそらく、このヨハネ福音書を書いた作者（使徒ヨハネからの口伝えのメッセージを受け継いで記録した初代教会のキリスト者の集団〔ヨハネ共同体と呼ばれている〕）は、苦しい、闇のまっただなかにいるような孤独な生活をしていたのだろう。そういう状況のなかで、誰かが近づいてきて、「だいじょうぶ？」と声をかけてくれたのかもしれない。その経験を書物にまとめたのだろう。そのような経験そのものに、キリスト教信仰の要諦が存している。

　ヨハネ福音書は、イエス＝キリストという二千年前に活躍した人物について記録したものである。しかし、それは深い想い出のなかで明確に記憶されていることがらを、後の時代の人びとがまとめたものである。いわば、イエス＝キリストと出会った人々の気持ちが集約されて記録されている。貴重な経験の想い出を編集して、まとめ上げている。だから、実際に貴重な出来事を経験した人のイメージや感じ方がまとめられている。ということは、歴史的に正確なデータを反映しているわけではない。歴史的なまとめ方ではないのである。想い出の記録、助けていただいた貴重な経験の書きつらねとして、ヨハネ福音書が今日にいたるまで遺されている。

　だからヨハネ福音書というのは、日記帳あるいは想い出ノートのような個人的なものでもある。暗闇の孤独のなかで、独りぼっちで苦しんでいた人がイエス＝キリストから声をかけられて安心し、ようやく会話ができるようになったのである。よろこんで、明るく生きられるようになったのである。よろこびをかみしめて生きている人の、何とも言えない心の躍動が遺されている。

　そのような、経験にもとづく救いには深い意味がある。「だいじょうぶ？」と声をかけられた人が、新たな人生の始まりを経験することこそ、「創造のわざ」である。何かが始まる。まったく新しい時代が幕をあける。よろこびに満ちた、明るい再出発の状況、その状況をていねいにまとめたものがヨハネ福音書となっている。

　そういう背景を理解して、この福音書を読んでゆくと、

そのひとつひとつのことばの奥深さが味わえるようになってくる。「はじめにことばがあった」という文章だけを、いきなり読んでも、何も感じないだろう。しかし、もしも、自分が孤独で、独りぼっちで苦しんで生きているという状況を経験したうえで、このヨハネ福音書の冒頭部を読むのならば、誰かが声をかけることで自分の闇の状況を薔薇色の人生へと転換させてくれたことの重みが、ありがたさが、ひしひしとわかるようになる。

自分の経験からくる想いと、ヨハネ福音書の内容とを重ね合わせて味わうときに、はじめて何らかの意味深いメッセージの迫力が爆発的に生じてくる。そのときこそ、聖書のことばは意味をもち、いのちのことばとなる、人を活かす智慧そのものとなる。

「はじめに、ことばがあった」。はじめに、励ましの「だいじょうぶ?」というひと言がある。自分を見つけて、支えようとしてくれる相手が現われる。暗い、独りぼっちの状況が、誰かの登場によって明るく変わってゆく、開かれてゆく。薔薇色の状態となってゆく。そのような経験こそが、最も重要である。私たちひとりひとりは、それを望んでいる。キリスト教というのは、誰もが望んでいることを真剣に専門的に考え抜いて、はっきりと確認してゆく歴史的な動きである。二千年間、キリスト教がつづいている理由とは、誰もが望んでいる一番大切なことを理論的に確実なかたちに整えて、あとの時代に伝えてゆこうという熱意を絶やさないことに存する。

いまでこそキリスト教は巨大なシステムとして歴史的な影響力をもっているが、もともとはふつうの生活のなかの励まし合いから始まっていた。多くの専門家たちは、キリスト教信仰の理論的な特徴をまとめて形を整えることに集中するあまり、「はじまりの経験」を忘れがちになる。それで、キリスト教の専門家や研究者は理屈にはこだわるけれども、あたたかみがない場合がある。

しかし、ほんとうは、キリスト教信仰というものは、孤独な状況で灰色の人生に埋もれていた人が、誰かから励ましを受けて、薔薇色の人生に向かって開かれてゆくような刷新の動きを端緒とし、その経験を大切に記憶することによって成り立つのではないだろうか。そのはじまりの動きに、いまこそ立ち戻る必要がある。

「はじめに、ことばがあった」。ヨハネ福音書は、ヨハネという名前の、イエスの弟子が書いたとされている。しかし実際は、そのヨハネから話を聴いた仲間のキリスト者たちが共同で長い歳月をかけて物語を再構成し、編集して記録したものである。だから、想い出をまとめている。ヨハネ福音書は、ふつうの単行本のサイズに直して計算すると、七〇頁ほどの、わずかな文章の集積にしか過ぎない。しかし、この七〇頁のなかに、深い経験に支えられた、かぎりないよろこびの感覚がギュッと詰まっている。

ヨハネ福音書の最後の文章は次のようになっている。

「この他にもキリストはたくさんのことを成し遂げました。私は思います。イエスが行ったことを記録としてまとめるとしたら、この世界でさえもすべてを収めきることはできないでしょう」（ヨハネ二一25）。この世の記録用紙には書ききれないほどの数知れない出来事が、イエスによって実現していった。記録にまとめきれないほどの、重み。「はじめにことばがあった」という文章ではじまるヨハネ福音書は、キリスト教信仰の要点をまとめた書物である。そこで言われていることは、イエスの生き方そのものが雄弁なことばとなっており、しかも、そのことばは決して記録しきれるものではないほどに圧倒的な迫力をもって、私たちの前に現われる。

この書物のなかには、他にも興味深い呼びかけが多数登場している。「午後四時ごろであった」（ヨハネ一29）。イエス＝キリストと出会った弟子たちが、はじめて出会ったときの時刻を記録している。「午後四時ごろ」と、時間を明確に書いているのもヨハネ福音書の特徴である。筆者も日記をつけており、何時ごろにこの人と話したと、出会ったときの印象をことこまかに書き留めている。しかし、疲れていて、全部書ききれないときは、「四時ごろ」とだけ書いて、簡単に日付をメモするにとどめている。そうしておけば、あとでノートを見返すことで、すべてがよみがえってくる。「四時ごろ」という時刻を記すのは、実は、大切な記憶を想い起こすためのきっかけとして有効だからである。

ちょうど、音楽にも似ている。楽譜が、そうである。楽譜を見れば、曲全体のメロディーが瞬時によみがえる。豊かな音楽は楽譜には書ききれない。しかし、楽譜として少しのポイントを書き留めることで、それをあとで見れば、すべてを想い出すことができる。日記にせよ、楽譜にせよ、もともとの深い経験を想い出すためのきっかけとして役立つ。

三　イエス・キリストのふるまいが教会共同体の伝統となった経緯

ここで、イエスのふるまいが、ギリシア・ラテン地域でどのようにして受け継がれて教会共同体の伝統となったのかを簡潔にまとめておこう。

ヘブライ語の旧約聖書にはじまってギリシア語の新約聖書へと結実し、教父たちの思想においても深められていた「神の似像」としての人間の視座にもとづけば、どんな人間であっても人間であるというだけですでに神による創造のわざにあずかって活かされているのであり、神とのつながりを生きる道に召されていることになる。とすれば、そのような人間が「はらわたのちぎれる想い」に駆られるとき」に、すでに神の愛を如実に体現していることになる。

二世紀の聖エイレナイオスによれば、「神の似像」（Imago Dei）（「神のかたち」、〔阿部は「神から受け継いだ素質」と訳している〕）と「神の似姿」（Similitudo Dei）（「神のすがた」〔阿部は「神を目標として絶えず成長してゆくこと」と訳している〕）とは区別されている。[6] 聖エイレナイオスによれば、「神の似像」とは、神から人間に対して理性や自由意志や愛が与えられていることを意味している。一方、「神の似姿」とは、神と人間との関係性を表現している。人間は神との関係性を深めつづける存在だが、人間が自由意志を悪用して神に逆らって自己中心的に生きようと志した（堕罪）がために、「神の似姿」としての在り方を失ってしまった。しかし、人間における「神の似像」は堕罪によっても決して失われなかったということである。つまり、人間には「神の愛」のエネルギーが、どんな状況においても残っているわけで、私たちは自らの心の底に眠っているエネルギーを大切に用いて、再び「神の似姿」へと前進し始めなければいけないのである。

古代の教父たちは、人間の可能性を信じつつ、さらなる高みへと前進してゆく道を共同体として歩む大切さを、あらゆるキリスト者に呼びかけつつ励ましを与えつづけた。その伝統は今日でも、教会の教父〔指導的な牧者〕としての教皇たちの回勅にも受け継がれて、あらゆる人に向けられている。とくに「はらわたがちぎれる想い」を扱った近年の書簡としては、教皇ヨハネ・パウロ二世の回勅『いつくしみ深い神』[7]や教皇ベネディクト一六世の回勅『神は愛』[8]が重要である。

四　ケノーシス（徹底的自己空無化）による最善なるペルソナ性（人としての尊厳性＝人格性）の実現

「はらわたのちぎれる想い」になるとき、人間は相手のもとへと駆け寄る。自分をまったくかなぐり捨てて、自分よりも相手を優先する。極端に言うと、自分を棄てて相手を活かす。自分の身をまるごと相手に差し出して、相手を生きながらえさせる。それはイエスの十字架上の捧げ尽くしの姿そのものである。[9] 自分を徹底的に譲り渡して相手を活かすときに、真のいのちが実現してゆくという逆説的な現実がある。

「神の徹底的自己空無化」とは、「神のへりくだり」つまり「ケノーシス」のことである。[10]「ケノーシス」とは、受肉した神の子イエス＝キリストの全生涯において体現された救いのダイナミズムの総体を指し、究極的には「神による人間に対する愛」（フィラントロピア）のことである。つまり、「神の徹底的自己空無化」（ケノーシス）とは、神が人間に対する愛ゆえに自分の立場を棄ててまでも人間のほうへと歩み寄り、人間とともに生き、人間を極みまで大切にしつつ活かすために、いのちを捧げてまでも支える姿を指す。いわば、徹底的に自分を無にして、ひたすら相手を活かす、烈しい愛のダイナミズムのことである。[11]

しかも、「神の徹底的自己空無化」は、御父・御子・聖霊という三位一体の神が一致して成し遂げる歴史における愛情表現であり、人間によるあらゆる反抗も裏切りも憎悪も、ありのままに受けとめるほどの寛大な受動性に裏打ちされていると同時に、人間に対する積極的な関わりかたとなっている。[12] 三位一体の神の愛によって包まれて生きるとき、人間は成熟してゆくこととなり、個々人も共同体もともに活性化されつつも、それぞれの固有性を決して失うことなく、多様なままで生身の現在性において美しく栄光化されてゆくことになる。

ここで、「愛ゆえの非人格化」あるいは「場所化」という事態について述べておこう。[13] キリスト教信仰の救済史観に則って言えば、現在の私たちは聖霊の働きの真っただ中で活かされて生きているから、我々の生存根拠場としての聖霊を理解することが神學上の最重要課題となる。[14]

その際に、聖霊は、単に聖霊としてだけ独立したかたちで論じればよいものではなく、むしろ三位一体論的な視座で理解されなければならないことを忘れてはならない。それゆえに、「御父―御子―聖霊という三位の連動性において躍動する神の愛の働き」の総体に着目する必要がある。

三位一体の神は、具体的な相手（私たちひとりひとりも含まれている）への愛のゆえに御自身を棄ててまでも大接近するのであり、そのような捨身の愛情表現はイエスの十字架上の死の姿において歴史的に体現されている。十字架上のイエスの自己空無化は、御父による人間に対する愛ゆえの自己空無化の意志を体現しており、そのような無私の自己譲与は、まさに自分というペルソナ性（主体的・意志的自立存在性）を徹底的に放棄するほどに空無化されているという点で、愛ゆえの非人格化あるいは場所化という事態そのものである。何としても相手を活かしたいという強烈なおもいが、自分を捧げ尽くす姿にまで至らせる。ちょうど、母親が子どものためならば、自分のいのちさえも決して惜しまないのと同様の事態である。そのとき、母親は自分を無くすが、決して虚無のうちに犬死にするのではなく、むしろ、子どもへの深い愛のゆえに最善なる自分らしさを生きることになる。これは、まさに、禅的に言えば、「大死一番絶後に甦る」という事態である。

五 「三位一体の神」への感謝と讃美の祈り

ところで、神學は、方法論において近代ヨーロッパの諸学問とは決定的に異なる。つまり、神學は近現代の学問観をもってしては到底把握できない。語義的に言って、神學とは「神についての言説」のことである。しかし、神は決して人間的な言葉で説明し尽くせない。自然科学が、目に見える事象を客観的に計測しながら法則を発見することで世界全体の仕組みを明らかにするのに対して、神學は目に見えない神の働きを信仰のまなざしで眺めつつ感謝する愛の応答を伴うがゆえに、主体的で実存的な動機によって支えられる。近代以降の諸學問の研究方法論の手法を真似して、科学的データの分析を試みる場合でさえ、神學者は「相手」を決して見失わない。常に愛情のこもった動機がなければ、神學は成立し得ない。

四世紀のナジアンゾスの聖グレゴリオスによる『神學講話』全篇で表明されるように、初代教会から古代教父の活躍する最盛期にかけて熟成された神學は、「神への感謝と讃美の祈り」であり、「いのちがけの愛情表現」である。[15]キリスト者にとって、神學とは「活ける神との愛情に満ちたやりとり」である。まさに、いのちがけの関わりの深みを言語化して伝承したメッセージが「信仰宣言の祈り」(信条)なのである。

「使徒信条」にせよ「ニカイア・コンスタンティノポリス信条」にせよ、共通するのは「神との活きた関わり」を動機として渾身の呼びかけが為されることである。祈りの言葉としての信条は、御父・御子・聖霊に対する愛情深い呼びかけとして構成されている。言葉の奥に潜む愛情は見えない。しかし、奥深い想いに気づくときに、連綿と受け継がれてきた信仰者たちのふるまいのかけがえのなさが、私たちの心にも迫ってくる。ところが、言葉の表面だけを見て事足れりとしてしまえば、信条は硬質で形骸化した無味乾燥なる「教条」(ドグマ)として誤解される。

六　信仰生活の深まりの三段階
――「型はまり→型破り→自然体の境地」（守破離）

しかし、真のドグマ（Dogma）つまり本来的なドグマとは、「信仰の正しい道筋」のことである。神と人間との血の通った愛情深い交流が適正なかたちで保たれるように、四世紀以降ドグマが定められた。ときとして人間は自分の思い込みや感情的な気分に左右されてしまい、物事の正しい判断ができなくなる。偏見や移り気こそが神との関わりをゆがめるのである。そこで、どうしても「型」が必要になる。ドグマは信仰表現の美しい規準として欠かせない。ドグマという「型」にはまることで、人間は信仰者としての美しいふるまいかたを身に着ける。こうして、いわば、ある程度の基本的な動きを体得した人間は、意識せずとも流麗な身のこなしを為せるようになる。

我が国の伝統藝能の一つである「能」には「守・破・離」という発想があるが、これはキリスト者の信仰表現の深まりを反省する際のヒントとなる。①役者は駆け出しのころに、まず先輩たちの代から積み重ねられてきた藝術表現の伝統の結晶としての「型」を忠実に守って基本的な所作を身につける（守）。②次に、基本的な動作だけで満足することなく、独自の工夫を凝らして新たな藝術的境地を切り拓く（破）。③さらに、それまで積み重ねてきた藝術表現のすべてを手放して、自在な動きを悠然として愉しむことになる（離）。いわば「①型はまり→②型破り→③自然体の境地」という藝境の深まりの三段階が見受けられる。キリスト教に引き寄せて言えば、①守の状況はファリサイ派や律法学者たちの信仰表現であり、②破の状況はイエスの弟子たちの信仰表現であり、③離の状況はイエス＝キリストの信仰表現である。弟子の流れを汲む古代教会のドグマ作成者たち（使徒継承の教会共同体の神學者たち）は、より多くの人々が適切なプロセスを経て自然体の信仰表現に到達できるように一定の型を遺してくれた。

七　「相手」を大切にする姿勢を深める道行き
――唯一の神學

キリスト教二千年の流れに鑑みるとき、それぞれの時代によって様々な神學の動向が生じていたことが一目瞭然である。特に重要な役割を果たした神學の仕方は、以下の区分で示せる。――①初代教会のあかしの旅（宣教活動）から教会草創期のゆるやかなネットワーク的多様分散型の諸共同体調和の現実、②迫害期からキリスト教公認以降の適正規準制定期の神學（二世紀から四世紀にかけての教父思想）、③ヨーロッパ地域の理性的神學（一七五〇―一九五〇年）、④地域ごとの独自性を主張する神學（南米における「解放の神学」およびアジア諸地域の「民衆の神學」など）。

しかし、本来的に神學というものは人間的な都合では決して分割できないのであり、意図的にも分割してはならない。なぜならば、「キリスト者にとっての信仰経験の振り返りとしての唯一の神學」のみが存在するだけだからである。もしも人間中心主義の視座で神學を構築しようとすれば、「史的イエスの研究」（イエスの人間性のみを強調して神性を削ぎ落としてしまう危険性のある研究動向）や「属格の神學」（「――の」という個別的な話題に偏る研究動向）に陥ってしまい、三位一体の神の働きそのものを矮小化することにもなりかねず、安易な妥協で合理的な解釈を施すがゆえに信仰者の視座（人間的な理解力の限界を謙虚に認めて、神に信頼して歩む立場）をないがしろにする場合も出てくる。つまり、自分たちで勝手に納得できればそれでよいという独りよがりな神學となる。

神學は決して自己満足のための理論ではない。むしろ、神に信頼して、神の子としての全人類の行く末を気遣い、神が創造した森羅万象を大切に尊重する、開かれた生き方を志す信仰の道筋を自覚させるのが神學である。その際に、「相手」を大切にする姿勢を深める道行きが最も必要となる。イエス＝キリストが、出会う「相手」を大切な友として尊重したように……。

八　神への祈りとしての學問――感性的學問の構築へ

四世紀の古代ギリシア教父たち（とくにカッパドキア三教父）が、すでに気づいていたように、神學はキリスト者の共同体の草創期においては合理的かつ理性的な學問というよりも、まず何よりも「三位一体の神への讃美と感謝の祈りそのもの」として営まれていた。[16]

しかし、ちょうど四世紀に、人間にとってわかりやすい理屈で神のことを説明し尽くそうとした合理主義的で傲岸不遜なアレイオス主義の神學が地中海周辺地域のキリスト者たちの心を席捲していたように、現代でも、神學を合理的な人間理性の枠内においてのみ遂行しようとする落とし穴があることは否めない。それゆえ、私たちは厳密な學問への歩みよりを大切にしながらも、根本的なところでは古代教父たちによる祈りに満ちた神學的視座を受け継いでゆく責任をも担っている。つまり、全力を尽くして最大限緻密に研究しながらも、それに縛られない自由さ、愛のゆえにすべて棄てることのできる靭さを秘めた神學が必要なのである。

古代の教父たちが展開した「神への祈りとしての學問」は、単に人間の理性や意志を駆使して遂行されるものではなく、むしろ超越的な感性を最も際立ったかたちで働かせながら実現されてゆくものである。つまり、神への感謝と讃美のうちにおいて、善きことと美しいこととが一体化した状態で深められてゆくことによって、物事を正しく評価できるような基準としての學問を彫琢することが人間には求められている[17]。ということは、人間が行う學問は必然的に善美に裏打ちされていることになる。

九　無私の愛情にもとづいて「相手」を励ます語り口調

神こそが語る（啓示[18]）。しかし、人間は神を語り得ない。どんなに知性を駆使しても、無限の愛情に満ちた神の想いを究め尽くすことは不可能である。それゆえ、人間は神を信じて、自らを捧げ尽くして生きる（あかし）のみである。人間は身をもって神の慈愛に倣って「相手」を励ますことはできる。あらゆる人間は皆、慈愛の素質を受け継ぐ神の子として現世の生を享けているからである。

では、「相手」を励ます際に、どのような言葉を用いればよいのだろうか。第三の言葉で語ることが肝要である。つまり、①「言葉の力に頼る傲慢さ」（第一の言葉づかい）、および②「すべてを諦めて沈黙を押し通す無気力さ」（第二の言葉づかい）に決して陥ることなく、③『非言非黙』（真実を、言語を用いて語り得ぬことを知り、自暴自棄的な沈黙の無意味さをも知ること）を前提にしつつも、あえて『たとえ』（象徴的なイメージ）を用いて物語ること」が要請される。自分の言葉が「相手」を慰め尽くせるという傲慢さを捨て、かといって言葉で慰めることを放棄しないという心構えを身につけたうえで、敢えて無心の境地で語り始める。イエス＝キリストが常に「たとえ」を用いて人間的言語の限界を突破しようとした姿を受け継ぐのが、キリスト者の神學の極意である。

一〇　大切な「相手」といっしょに生きること
――内省・宣言・捧げの出来事

キリスト教神學は基本的には信仰者が自らの信じている事柄の意味を理解する作業である（教義神學）。それゆえ「内省」が欠かせない。信じている事柄を整理して理性的に説明する努力が積み重ねられたときに「カテキズム」(信仰内容のまとめ、教理書)が成立する。[19]

「カテキズム」は、①信仰宣言(三位一体の神への感謝と讃美)、②祝祭(制度としての秘跡の挙行――ローマ・カトリック教会の独自性)、③実践(倫理)・④祈り(霊性)というキリスト者の信仰生活を成立させる四本柱を確認するためのマニュアルであり、よりよい生き方を実現させる指南書でもあり、二千年におよぶ諸先輩方の信仰感覚のメモ書きの集積としての想い出アルバムでもあり、美的な形式によって人間に安心感を与える楽譜でもある。

そしてキリスト教神學は、キリスト者の信念を全世界に向かって「宣言する」ことでもある。信仰にもとづく生き方が、キリスト教と縁遠い他の人々にとっても意味があることを、身をもってあかしすることで私たちは「世の光」として輝く。

さらに、これまで述べた「内省」と「宣言」が統合される場が、「自発的な捧げとしての十字架の出来事」である。キリスト者は福音書の各節を黙想しながらもイエス=キリストによるいのちの捧げ(ケノーシス)の秘義を味わい、その出来事の重みを心に秘めて日常生活をつつましく生きる。そのときに、いのちの豊かさの視座が開けてくる。謙虚で誠実な歩みが、周囲の相手を巻き込んで、お互いの支え合いのよろこび(仕合せ)を醸成するからである。

いま、私たちに必要なことは、①『相手』に向かって自分を捧げること」と、②「尊敬の念をもって相手に対峙すること」である。震災後の日本社会において、ともすれば「復興」という大義名分だけが独り歩きしてきたように見受けられる。いわば、被災したひとりひとりに個別的に目を向けるよりも、大きな枠を設けて巨額の援助金を集めることに人々の意識が集中していたようにおもえる。しかし、何よりも大切なことは「相手」の叫びを直に聞いて支えることである。「顔と名前のある、あなたを大切にしたい」という志を絶えずいだきつづけて生きることこそが、私たちに課せられている。それは強制ではなく、自発的で愛情のこもった「相手への近づき」なのである。徹底的に相手を大切にする体当たりの生き方を究めることを、今後も重んじたい。

二　将来への展望——現代の危機を乗り越えるための心のもちよう（霊性）

未来哲学にも寄与し得る「キリスト教神學」の立場からの展望を以下に示しておこう。

(1)「霊性の深まり」を促す、感性的なキリスト教神學

すぐに金銭的な利益につながることだけを追求しがちな現在の日本社会の危機を乗り越えるためには、古典作品を熟読するしかないと言えよう。書物を介した、いにしえの人びととの心の通い合いがあれば、将来への展望が必ず開けてくる。もう一度、愛情に満ちた學問を取り戻すこと、これこそが急務である。「読書をして一体何が変わるのか」と訝しがるのではなく、自分を鍛え直し、気品ある深き人間性を取り戻すことによってしか、私たちは危機を脱することはできないだろう。

ひとりひとりの人間には、キリスト教信仰の立場で言えば、神の愛のエネルギーが基本的な素質として確かに宿っている。あとは、心のもちようを工夫するだけである。これは、独りではできないことであるので、いにしえの先輩たちの歩みから謙虚に學びながら、先輩たちのおもいと協働して前進したいものである。それゆえに、古典を読むことを勧めるのである。キリスト教神學の分野で言えば、そういう作業の意味を明らかにする使命が、基礎神學や教義神學には課されている。

日本における「霊性の深まり」は、「感受性豊かな人間の美的ふるまい」の究明と「環境的身体論の構築」とによって可能だと思う。以下、説明をつづけてゆこう。

(2)「感受性豊かな人間の美的ふるまい」の究明

人間は、毎日、からだそのもので物事を体感して生きている。知性だけが独立して働いているわけではなく、むしろあらゆる身体器官を総動員して全人格的に生きている。知性の働きだけを取り出して人間の本質を論じる、近世以降のデカルト的なヨーロッパ文化の方法論では、人間の人格的全体性を決して総合的に把握することができないのだから、感性の働きをも含めた人間理解が、今日では必要とされている。それで、私たちは「感受性豊かな人間の美的ふるまい」を究明していくように心がけるとよいかもしれない。

(3)「環境的身体論」の構築

ここで信原幸弘の『考える脳・考えない脳——心と知識

の哲学』（講談社、二〇〇〇年、二〇八頁）から引用しておこう。「心は脳に尽きるものではありません。脳がなければ、心がありえないのはたしかですが、脳だけで、心が成り立つわけではありません。心には、身体と環境も必要です。心は脳と身体と環境からなる一大システムなのです」。

人間は自分ひとりでは決して生きてはゆけない。むしろ、あらゆるものとの連携により、関係性のネットワークにおいて活かされている。つまり個々人のからだは環境的身体全体として存在している。「私のからだ」と言うよりも「環境全体として私が活かされている」。このような視座は、すでに仏教における縁起論において提起されていたものであるし、ギリシア教父や西田哲学のテクストにおいても関係性論として登場していたものでもある。

とりわけ、ギリシア教父の論法を用いれば、神の愛を味わって生きる人間が神化するときに、その人間を取り巻くあらゆる物事もまた聖化されて栄光化する、と言える。つまり「愛による栄光化のダイナミズム」という事態である。

仏教的に言えば、「空白の美」と言えるだろう。それは、身体的な全人格において体感されるものであり、神學的に言えば、「信仰感覚」の体感あるいは信仰の感受性とも結びついてくるような事態でもあるだろう。もちろん、信仰感覚とは、キリスト教の立場における人間とイエス＝キリストとの出会いの体感の伝承（使徒伝承）を先達の人生そのものから体得的に學ぶことによって成り立つ事態ではある。しかし、そのように稀有なる信仰感覚は、イエス＝キリストとキリスト者との邂逅において最も充実したかたちで実現するにせよ、あらゆる時代・場所において聖霊によって成立せしめられる、真実なる体感としても理解可能な事態でもあり得るのではないだろうか。

さらに、我が国の文脈に引き寄せて言うとすれば、とりわけ、室町時代において、日本人が「空」を体感しつつ「見立て」の藝術表現を大成したことが該当するだろう。一番顕著な例は能である。何も置かれていない六メートル四方の能舞台の上にあらゆる時代、あらゆる場所が出現する。そこに居合わせる人の心の持ちようによって、あらゆる物事が見立てられてゆく。小さな舞台上に現世の世界と彼岸の世界とが同時に交錯しつつ両立し、連動する。そして、能役者そのものが花と化す。自らを全く無にして大自然の美しきいのちのはたらきとして、自らの身体存在を見立てることによって。

そして、従来の西欧的論理を補完する斬新な世界観を提示している、京都学派の哲学者たちに共通している思想上の独創性は「絶対無」の思想であるが、言いかえると「いのちの満ちあふれそのものとしての空」理解としても説明することができる。Fullnessとしての空（単にEmptinessあるいはNothingnessとしての空ではなく）。つまり、決して虚無的な状態などではないわけである。こうして、イエス・キリストの十字架上の死を、贖罪論的解釈を用いずに「空」観を用いて説明することもできるのではないだろうか。愛ゆえに身を捧げ尽くすイエスの全き自己空無化（ケノーシス）の視点で十字架の死を眺める可能性が拓けるときに、日本文化の土壌におけるキリスト理解が深まりゆくはずである。イエスの全き自己空無化（ケノーシス）の姿において、いのちの満ちあふれとしての空のダイナミズムが活発に脈打っていたのだろうから……。

これまで、キリスト教神學の立場に立って人間の「教養」の重要性を確認しつつ、「愛情に満ちた學問」を復興すべきことを呼びかけてきた。今後とも、東西の古典文献の研究を土台にして「感受性豊かな人間の美的ふるまい」の究明や「環境的身体論」の構築を推し進めるべく努めてゆきたい。

一二　補足として――現代の組織運営の際の二つの形式

ともかく、「世界哲学」という地球規模的な視野の学問研究姿勢が進展する状況は、「諸宗教者間の対話」および「宗教者と現代の普通の立場の人びととの対話」をも活性化させる起爆点となっている。その際に、あらゆる価値観が等価のものとして羅列されることによって生じる、①「相対化の現状の拡大化」、および②「宗教的多元主義の台頭」も避けられない。これら二つの問題性に対してキリスト教神學は、果たしてどのように応えればよいのかが今日問われている。

さて、「現代の社会共同体における表現の二つの形式」に関しても、ここで一言述べておきたい。比較哲学者のトマス・カスリスの見解（Thomas P. Kasulis, *Intimacy or Integrity, Philosophy and Cultural Difference*, University of Hawai'I Press, Honolulu, 2002）によれば、人間社会の組織運営の際に二つの行動類型が見受けられるとされている。つまり、「インテグリティー」（Integrity〔仏教学者の末木文美士は「自己統合性」と訳している――『冥顕の哲学1　死者と菩薩の倫理学』ぷねうま舎、二〇一八年、一九三頁〕）と「インティマシー」（Intimacy〔末木は「他者親密性」と訳している。同書、一九三頁〕）という方向性が社会を動かす基本的な志向となっている。この類型論から末木文美士も有益な着想を得ており、両方の姿勢を意識して均衡を保つ努力を奨励している。決して応え方を一つに絞り込まずに、多様な表現の仕方を精妙に組み合わせて均衡を保つ柔軟性を重視する末木の姿勢は、キリスト者と他宗教の者たちとの協働を可能にする。つまり、諸宗教間対話の実践となる。しかも、生者と死者との協働という視座も開かれてくる。

これは筆者による私見ではあるが、カスリスの二つの基本姿勢は、ちょうど聖トマス・アクィナスによる「ラティオ」(Ratio 理性)と「コンナトゥラリタス」(Connaturalitas なじみ深さ、親和性、共本性、適合性)の均衡および相互補完性と軌を一にするだろう。カスリスは日本思想の研究をとおして日本人独自の生き方の妙なる方向性を明確化したが、期せずして聖トマスと同様の眺めに着目するに至ったのであり、そこにあらゆる人間にとっての普遍的な生き方の性向を検証することとなったのである。

なお、聖トマスの場合は、『神学大全』において、「神的なことがらに対する共感あるいは親和性は、神の愛(Caritas)によって生じ、神の愛は私たちを結びつける、それは一コリント六章17節に『主に結びつく者は主と一つの霊となる』と述べられているようにである」と書かれている(*Summa Theologiae*, II-II,q.45, a.2c.)。聖トマスは物事を学ぶ際の二つの道としての「ラティオ」と「コンナトゥラリタス」とを強調しており、後者のほうが人間にとっての根本的で真摯な学びの基本であることを重視している。相手との親密な関係性の深まりがコンナトゥラリタスであるが、具体的には母親によって抱きしめられた赤子の安らかな状態を想起すればわかりやすい。子どもにとっての最初の教育者は母親であり、なじむことによる人生の真実の伝達が子育てなのである。

さらに敷衍してみれば、教皇フランシスコの態度に見られる「厳格なる統合性」(特に回勅『ラウダート・シ』には「統合」という発想が繰り返し登場している)と「柔軟なる親しみやすさ」も聖トマスやカスリスの発想の延長線上に位置づけることができるだろう。しかも、カスリスから末木へ、という貴重な発想の洗練の流れを把握するに際して、評者は門脇佳吉による研究を想起せざるを得なかった(Kakichi Kadowaki, Ways of Knowing: A Buddhist-Thomist Dialogue, in: *International Philosophical Quarterly*, Vol. VI, no.4, Dec. 1966, pp.574-595. この英語論文を発展させたのが「第二章　仏教とトミズムの叡智」〔門脇『禅仏教とキリスト教神秘主義』岩波書店、一九九一年、二九―六二頁〕である)。その際、末木も門脇も共通して川田熊太郎による比較思想の方法論の影響を受けている点も興味深い。比較思想的な視点は多様な宗教の根底に存する普遍的な人間の真実探究の道行きを明確に把握する端緒となる(門脇佳吉『道の形而上学――芭蕉・道元・イエス』

岩波書店、一九九〇年の執筆姿勢がそのことを如実に示しているが、末木も同様の道行きに踏み込んでいる）。

一三　補足としてⅡ
——キリスト教的な組織（教会共同体）の「文化的適応」と「持続可能性」

これまで、哲学思想の新たな潮流が生じている日本社会の現状を描き、信仰形態の「多様化」と「対話」の進展の現実をも示唆した。それでは、キリスト教的な組織（教会共同体）は信仰形態の「多様化」と「対話」に関して、いかなる姿勢を見せるべきなのだろうか。端的に言えば、信仰の「文化的適応」の工夫と同時に現代社会における「持続可能性」の模索を心がけなければならないだろう。

まず、信仰の「文化的適応」について説明する。それは、信仰を生きる者一人ひとりが、自分たちの住む地域文化に対する感受性の深まりを目指しつつ、そこに住む相手に対する尊敬の念を育むときに成立すると言えよう。

次に、現代社会における「持続可能性」について述べよう。あらゆる立場の人を尊敬して、ともに生きる信仰者たちには、他者とともに住んでいるその「環境への配慮」と「社会的な責任の果たし方」とが問われる。信仰者たちは単に自分たちの信仰の立場だけを論じるとともに、理想的な呼びかけをするだけでは足りない。むしろ、常に地域の他者とともに、「自分たちの生存地平たる環境」を保全する意図を明確に意識すると同時に、環境保存に寄与する具体的な行動の仕方を、社会的に明確に表明して実践しなければならない。特に、日本社会においては災害への対応の際に具体的な行動の仕方が問われてくる。

なお、信仰形態の「多様化」と「対話」とをいかに理解すればよいかを学ぶためには以下の研究書が役立つ。長谷川（間瀬）恵美著『深い河の流れ——宗教多元主義への道』（春風社、二〇一八年）。プロテスタントの立場の長谷川は、ローマ・カトリック教会や日本の隠れキリシタンの状況をも十分に理解して論じている点が秀逸である。

さらに、信仰形態の「多様化」と「対話」を再考するうえで、ローマ・カトリック教会の思想家のひとりとして井上洋治師（一九二七—二〇一四年）の事跡も決して忘れてはならないだろう。おりしも今年（二〇二四年）は井上師が亡くなってから、ちょうど一〇周年を迎えており、福音の文化内受肉におもいを致すときなのではなかろうか。——「人を愛するということが人を大切にすることであり、弱さや醜さやその人なりの考えをもそのままに受け入れることであるならば、たとえ具体的にはつかめていないとしても、とにかく余白をふくめた全体の中でのあるべき自分の役割、また相手の役割というものが受け入れられる人、いいかえれば余白というものが見えてきた人だけが、真の意味で人を愛することができるのではないだろうか」(井上洋治著作選集二『余白の旅——思索のあと』日本キリスト教団出版局、二〇一五年、一九八頁)。「余白」としての「神の愛の場」、言いかえれば「空気感」、あるいは「聖霊のいぶきの磁場」において生きる求道者の与え尽くす真剣さを、井上師が目指している仕儀はキリストの弟子としての矜持そのものに見える。

注

(1) 以下の書は、困難な世相の諸問題を始めとして、世界哲学の現状や死者との関わりや菩薩の倫理を説明するとともに、未来への展望を総合的に描いた未来哲学の序説ともなっている。末木文美士『絶望でなく希望を——明日を生きるための哲学』未来哲学研究所、ぷねうま舎、二〇二三年。

(2) 阿部仲麻呂『使徒信条を読む——キリスト教信仰の意味と展望』教友社、初版二〇一四年、第二版二〇二三年、二〇二—二〇四頁。「『聖徒のまじわり』(Communio Sanctorum)とは、幅広い層に広がる教会の信仰者たちの交流のことを指しています。古代から現代に至るまで、キリスト者たちは常に『天上の教会』・『煉獄の教会』・『地上の教会』という三つの層を意識してきました。『天上の教会』には聖人たちや誠実な人びとが所属しています。『煉獄の教会』には、まだまだ罪の償いを果たす必要のある人々が、自力では償いを果たしきれずに待機しており、地上の教会の私たちの祈りを必要としています。『地上の教会』とは、目に見える教会共同体の組織を指しており、私たちキリスト者の関わりの現実的な姿です。三つの教会の層は、ミサや個々の祈りをとおして連帯しています。私たちが亡くなった方々を想い出して祈りを捧げるときに、『天上の教会』と『煉獄の教会』と『地上の教会』とが志においてひとつに連携します」(二〇三頁)。

(3) 拙稿「夢幻能における『救い』の構造——世阿弥の『花』を手がかりにした解釈学的美学の試み」『日本カトリック神学会誌』第一五号、日本カトリック神学会、二〇〇四年八月、一三三—一九七頁所載。拙稿「無心になって咲く——『花』に極まる世阿弥の死生観」、宮本久雄・武田なほみ編『死と再生——二〇〇九年第五六回上智大学神学部夏期神学講習会講演集』日本キリスト教団出版局、二〇一〇年四月二五日、二四五—二七八頁所載。拙稿『花』というシンボルが問いかけること——世阿弥の『風姿花伝』および『花鏡』から学ぶ」『中央大学人文科学研究所紀要』第六六号、中央大学人文科学研究所、二〇〇九年八月、四三—五七頁所載。Nakamaro ABE, "The Japanese Sense of Beauty, a Key to the Gospel", in: *The Japan Mission Journal*, Winter 2003, Oriens Institute for Religious Research, pp.248-258. Nakamaro ABE, "The Japanese Sense of Beauty", in: *Far East*, Colunban Missionaries, April 2007, pp.10-11. 拙稿「花の哲学　序説」『文苑』第二六号、清泉女子大学、二〇〇九年三月、六六—六九所載。拙稿「いのちの可能性を考える――『復活』概念の現代的解釈の試み」『年報』第一五巻、清泉女子大学キリスト教文化研究所、二〇〇七年三月、一三七―一五一頁所載。

（4）阿部仲麻呂『キリストとともに――世界がひろがる神学入門』オリエンス宗教研究所、初版二〇二三年四月、第二版二〇二三年七月（五六―六二頁所載）。拙稿「基礎神学の動向――第二バチカン公会議後のグレゴリアン学派を中心にして」『日本カトリック神学院紀要』第二号、日本カトリック神学院、二〇一一年七月一日、五三―八九頁所載。

（5）教皇フランシスコ回勅『ラウダート・シ――ともに暮らす家を大切に』二〇一五年五月二四日、同使徒的勧告『ラウダーテ・デウム――気候危機について』二〇二三年一〇月四日。

（6）なお、M・S・M・スコット『苦しみと悪を神学する――神義論入門』（加納和寛訳）教文館、二〇二〇年では、翻訳者の加納による解説が巻末に付されている。以下のとおりである。「神のかたち（image of God）、神のすがた（likeness of God）――『人間とは何か』と問う際に、最も重視される聖書の文章は創世記一章二六―二七節です。『神は言われた。「我々のかたちに、我々の姿に人を造ろう。……」神は人を自分のかたちに創造された。神のかたちにこれを創造し、男と女に創造された』。／この『神のかたち』『神の姿』がキリスト教における人間の本性を決定づけています。つまり人間は神の本性の一部を反映した存在であるということです。このことは、『神のかたち』のラテン語『イマゴ・デイ（imago Dei）』という用語で表現されます。一方で『神のかたち』と『神の姿』はそれぞれ一体何を表すのかということについては、古代より議論が続いています。／キリスト教初期には『神のかたち』と『神の姿』を区別する傾向が見られました。テルトゥリアヌスは、人間が創造された当初は『神の姿（imago Dei）』であったが、アダムとエバの堕落（神の命令への違反）により『神の姿』は失われたものの、『神のかたち』は維持しており、それが聖霊によって『神の姿』へと回復されるのだ、と主張します。オリゲネスにおいては『神のかたち』は堕落後の人間のことであり、『神の姿』は最後の時に完成する人間の完全な本性であるとされました」（三三七頁）。

（7）一九八〇年一一月三〇日に発布された。邦訳は以下のとおりである。『いつくしみ深い神』カトリック中央協議会、一九八一年。

（8）二〇〇五年一二月二五日に発布された。邦訳は以下のとおりである。『神は愛』カトリック中央協議会、二〇〇六年。なお『神は愛』の解説としては以下の論文を参照のこと。拙稿「ベネディクト一六世回勅『神は愛』に関する一考察」『紀要』第二八号、清泉女子大学人文科学研究所、二〇〇七年六月、二五―四六頁所載。

（9）拙稿「『逆説的な美』が現代に問いかけること――讃美的汎美論序説」『エイコーン』第三七号、東方キリスト教学会、二〇〇八年七月二〇日、五九―七一頁所載。

（10）「ケノーシス」に関しては以下の研究書を参照のこと。Lucien Richard, *Christ the Self-Emptying of God*, Paulist Press, New York, 1997. 未邦訳である。表題は『「神の自己空無化」としてのキリスト』という意味である。他に以下の論文も参照のこと。拙稿「アレクサンドレイア学派神学における『ケノーシス』の伝統――オリゲネスからカッパドキア三教父へ」『エイコーン――東方キリスト教研究』第四三号、教友社、二〇一三年三月一五日、三五―五八頁所載。

（11）拙稿「ケノーシス（愛ゆえの神の自己無化）の再解釈」『年報』第一八巻、清泉女子大学キリスト教文化研究所、二〇一〇年三月二〇日、七三―一〇六頁所載。拙稿「キリスト教神学における神と人間の関わりとしてのペルソナに基づく協働態理解」『第一〇〇回公共哲学京都フォーラム――公共する人間としてのカロル・ヴォイティワ」神戸ポートピアホテル、二〇一一年二月二八日、講演レジュメ。拙稿「『関係性に支えられたペルソナ』理解の可能性に関する一考察」『年報』第二〇巻、清泉女子大学キリスト教文化研究所、二〇一二年三月二〇日、三九―六一頁所載。

(12) 拙稿「三位一体の神に信頼して生きる」『春秋』五月号(第五三八号)、春秋社、二〇一二年四月二五日、二八―三一頁所載。

(13) 拙稿「風姿素描――『ペルソナ主義的聖霊論』および『場所論的聖霊論』の基底としての『聖霊の徹底的自己無化の姿』(神的善美のケノーシス)を求めて」『カトリック研究』第七七号、上智大学神学会、二〇〇八年八月一日、七一―一一〇頁所載。

(14) 聖霊については以下の論文を参照のこと。拙稿「探求 信仰の風光――キリスト教神学にもとづく聖霊の解明」岩波講座哲学第一三巻『宗教/超越の哲学』所載、岩波書店、二〇〇八年七月八日、一九〇―二三二頁所載。拙稿「『教会憲章』における聖霊理解――第二バチカン公会議の現代的意義を探る」『日本カトリック神学会誌』第二三号、二〇一二年八月三一日、一―一六頁所載)。拙稿「巻頭メッセージ・聖霊降臨　阿部仲麻呂　神の慈しみに包まれて――「命の視点」への新たな門出」『キリスト新聞』二〇〇四年五月二九日号、キリスト新聞社、第一面。拙稿「美の神学のかなたに……」新井奥邃著作集　第九巻月報9、春風社、二〇〇四年一二月、五―八頁所載)。

(15) 拙稿「三位一体論形成期における聖霊理解――ナジアンゾスのグレゴリオスの聖霊論を手がかりにして」上智大学神学会『カトリック研究』第六六号、上智大学、一九九七年八月、一一五―一五九頁所載。

(16) 拙稿「讃美的人間――神と人間との関わりという『いのちの構造』から見えてくるもの」『賛美に生きる人間』白百合女子大学キリスト教文化研究所+教友社、二〇〇八年一〇月一四日、四九―八五頁所載。

(17) 拙稿「ニュッサのグレゴリオスにおける聖霊理解――『雅歌講話』を手がかりにして」『エイコーン――東方キリスト教研究』第四一号、東方キリスト教学会、二〇一一年三月一五日、六七―八九頁所載。

(18) 拙稿「ナジアンゾスのグレゴリオスにおける啓示の構造と意義――『第五神学講話』の漸進的啓示観を手がかりにして」『カトリック研究』第七九号、上智大学神学会、二〇一〇年八月、九五―一二二頁所載。

(19) 拙稿「カテキズムの構造と効用に関する一考察――カテキズムの源流としての四世紀アレクサンドレイア学派における『救いの実感に満ちた講話』および『祈りの深まりを促す教育』に焦点を当てて」『日本カトリック神学会誌』第二二号、日本カトリック神学会、二〇一一年九月一日、六七―九二頁所載。拙稿「信仰共同体の家風――心やすらぐいのちの躍動に向けて」『カトリック生活』五月号、ドン・ボスコ社、二〇一〇年、二一―四頁所載)。

Ⅱ 未知なる対話

語りかける草木
〈主体性の哲学〉と〈関係性の哲学〉

佐藤弘夫

1

日本列島の東北地方に位置する宮城県の丸森町には、駒場不動尊と呼ばれる古い寺院がある。その境内には数多くの石碑が立っているが、そのなかに「草木塔」という文字が刻まれたものがある。碑の背後には、この塔の建立の由来を記した解説板が立てられており、私たちの命と暮らしを支えてくれる草木に感謝するために設置した、という趣旨が記されている。

この石碑は「草木塔」あるいは「草木供養塔」とよばれるジャンルに属するものであり、東北地方で数多くみることができる。現在知られている最古の塔は、一八世紀の後期（江戸時代）に作製されたものである。草木供養塔は解説板にも書かれている通り、山で仕事をする人々が、切り倒した草木に感謝し、その霊を慰めるために立てたものだった。日本には草木供養塔だけでなく、「鰻塚」「虫塚」「蛸供養碑」など、人以外の生き物を慰霊するためのたくさんのモニュメントが存在する。

それに加えて、日本でよくみられるものが実験動物の慰霊碑である。医療に関わる部局をもつ大学や病院、製薬会社では、新しい治療法と薬を開発するために、膨大な数の実験動物を飼育している。実験のために命を落とした動物たちの霊を慰めるために作られたものが、この実験動物慰霊碑である。日本の大学病院や医学部で、この施設を持たないものはほとんどない。私の所属する東北大学では毎年一〇月に、医学部の実験動物慰霊碑の前で盛大な慰霊祭が行われている。医学部や大学病院の教職員・学生が参加し、当日、碑の前にはたくさんの花が手向けられる。

　慰霊の対象は生物だけにとどまらない。長く働いてくれた針に感謝する「針供養」や、遊び相手となってくれた人形を慰めるための「人形供養」も各地で行われている。近年ではコンピュータ供養まで行われている。しかし、日本人があたりまえのこととして受け入れているこうした風習は、世界を見渡したとき、決してどこにでもみられるものではなかった。なぜ日本列島では、人以外の存在をあたかも人間のようにねぎらい、その霊を慰める行事が広く行われているのであろうか。

2

その重要な要因となっているのは、日本列島を覆っている独自の世界観だった。

　わたしたちはしばしば、「世界」や「社会」という言葉を口にする。そのとき、その構成者として何を思い浮かべるであろうか。当然のことながら、人間であろう。世界や社会や国家を成り立たせている主役は人なのである。しかし、誰もがなんの疑問も抱くことなく受け入れているこの常識も、日本列島では違った。人間だけでなく、それ以外の存在もまたこの世界の不可欠の要素として認識されていたのである。

　世界を構成する人以外の存在といったときに、まず思い浮かべるのは神や仏や精霊といった超越的存在（カミ）である（以下、超越的存在一般を示す場合には「カミ」と表記する）。死者もまたこの世界の主要な構成員だった。神・仏・死者だけではない。動物や植物も同じ仲間であり、人と言葉と意思の通じ合う一つの世界を作り上げていると考えられてきた。

　草木供養塔には、しばしば「草木国土悉皆成仏」という言葉が刻まれている〔末木二〇一五〕。人間だけでなく、この世のありとあらゆる存在に成仏の可能性を認めるこの表現は、平安時代の仏教者、安然（あんねん）の著作に初めて現れるものである。室町時代に入ると、能の台詞などで頻繁にもちいられるようになる。草木供養塔の背景には、草木はもちろん、命をもたないと考えられている石ころ一つ一つにまで霊魂の内在を認める思想があった。

カミはときには人間以上に重要な役割を果たす、欠くべからざる構成員だった。この世界は人間と、人間以外の多様で無数のものたちによって成り立っているという認識が、日本列島に棲む人々の意識をその根底において規定していたのである〔佐藤二〇一二・二〇二一〕。

前近代の日本列島では、人々は、目に見えない存在、自身とは異質な他者に対する生々しい実在感を共有していた。超越的存在（カミ）と人間の距離は時代と地域によって異なったが、人々はそれらのカミの眼差しを感じ、その声に耳を傾けながら日々の生活を営んでいた。

この世界の構成員が人間だけではないという見方は、日本列島固有の発想ではない。時代を遡ったとき、地球上の各地で広く見出すことができるものである。

古代の神話では、地域を問わず動物と人間が対等の立場で対話している。両者が結ばれて、子孫を残すという話も数多く伝えられている。日本でも最初の天皇とされる神武天皇の祖母は、海の神であるワニザメだった（『日本書紀』八世紀）。古代には狐の子孫であることを自称する氏族が実在した（『日本霊異記』九世紀）。この地球上には、かつて妖精が舞い、動物が語り、草木が歌うことが当たり前だった時代があったのである。

ヨーロッパ世界から始まる近代化の波動は、公共圏からカミや死者を追放するとともに、特権的存在としての人間をクローズアップしようとする動きだった。その運動は当初、キリスト教の世界観を背景として、神に祝福される人間にスポットを当てることから始まった。この地球上には無数の生物がいるが、神が自身に似せて創った人間はそれらの中でも別格だった。

世俗化の進展の中で特権的存在としての人間がどこまでもクローズアップされ、いかにしてその潜在能力を開花させるかがデカルト以降の近代哲学の目的となった。唯一理性を備えた生物である人の無限の可能性が論じられるにつれて、人の背後にあった神はその存在感を薄め、姿を隠していく。その結果、近代哲学では無神論が大きな流れを形作るに至るのである。

人が思想的にも社会的にも特権的地位を獲得していく近代ヨーロッパと対比したとき、日本列島に住む人々が、いまに至るまで人と動植物を連続して捉える発想を強くもっていることは、否定できない事実である。日本と西欧のギャップを示す一つの例を示したい。イギリスの作家、E・M・フォースターが書いた、『インドへの道』（一九二四）という小説のなかの二人のイギリス人宣教師の会話である。

二人は、神の恩寵の及ぶ範囲はどこまでかという点について議論している。人間はもちろんだが、猿も類人猿なので恩寵に預かることができるという点で同意する。ジャッカルは、「猿より下等」だが、仲間に加えてよいだろう。「神の慈悲は無限なので」、すべての哺乳動物にも恩寵が及ぶのではないか……。

ここから議論はさらにエスカレートしていく。それでは蜂はどうだろうか。オレンジ・サボテン・水晶・泥まで、神は気にかけておられるのか。体内のバクテリアはどうか……。ここまで話が進んで、「これはどうも行き過ぎだ」という結論で対話は打ち切られるのである。

ここにみられるのは、それがいいか悪いかは別として、人と人以外の被造物をはっきりと区別するとともに、この地上の生き物にランクを設ける発想である。神からの距離によって、万物はその価値を異にするのである。

こうした世界観のもとでは、草や木や動物を、人間の共棲者でありこの世界の不可欠の構成者とみなす草木供養塔のような発想は、生まれるはずもない。私たちは時代と地域によってまったく異なるコスモロジーのなかに生きており、そのコスモロジーから意識しないまま強い影響を受けているのである。

3

世界観の相違は、人がいかに生きるべきかという哲学的・倫理学的な命題についても、その議論の方向性を規定するものであった。

欧米の人間中心主義の思想では、キーワードは「主体性」だった。従来の神に代わって崇拝の祭壇に祭り上げられたものが理性だった。人間は唯一理性を備えた特別の存在であり、その理性を開花することによってどこまでも進化することが可能だった。人によって構成される社会も際限のない発展を続け、やがて一切の社会問題が解決するユートピアが到来すると信じられた。未来に向けての止まることのない前進が、マルクス主義を含めた近代の哲学と歴史学の共通した認識だった。

人はそれぞれかけがえのない尊厳性を有している。自身の価値を社会の中でいかに発現していくかが、個々人に与えられた課題だった。一人一人が何者にも妨げられることなく、誰からも命ぜられることなく、思うままに自身の生き方を追求していくことが求められた。自由で開かれた社会はその先にあった。主体性を持った人間、信念を生きる人間が、西欧の近代哲学が描き出したあるべき人間像だったのである。

それに対して、多種多様な存在の共存を前提とする日本列島の世界観では、キーワードは「関係性」だった。人はこの世を構成する無数の要素の一つにすぎなかった。人間だけが突出する生き方は周到に回避され、神羅万象の調和が重視された。そこでは、人がいかに生きるかを正面から問うよりは、他者との調和を保った関係の構築が理想とされた。そのため、人生観を雄弁に論じるタイプの哲学が発達することなく、人としてのあるべき生き方は寓話や儀礼に込められた隠喩によって示されることになったのである。

調和が理想とされたのは、現代人が邪悪とみなすものについても例外ではなかった。例えば、近年世界中がその流行に苦しめられたコロナウイルスである。

前近代の日本では、流行病をもたらすウイルスや菌は「疫神」・「疫病神」と表現されてきた。「やくびょうがみ」という言葉自体は現在でも使われているが、興味深い点は、人間に病気や死などの不利益をもたらすものに対して、「神」という形容が用いられていることである。

中世の絵巻物である『融通念仏縁起』には、疫神の群れが描かれている。牛馬などの顔をもち、角を生やした異形の姿をしている。『春日権現験記』や『泣不動縁起』に登場する疫神たちも、同様の不気味な容姿をしていた。疫学の知識がなかった前近代の社会では、感染症は遊行する疫病神がもたらすものと信じられてきた。邪悪な作用を本務とする疫病神は、可視化されるにあたって、このようなグロテスクな容姿で描写されることになった。

しかし、重要なのは、いかに忌み嫌われようとも、疫病神はどこまでも「神」だったことである。そのため、流行病を防ぐための対策は、疫病神を敵とみなして叩き潰すのではなく、手厚くもてなして、気持ちよくお帰りいただくという手段がとられることになった。

疫病を防ぐために、古代や中世では「道饗の祭」、「四角四境祭」などの祭祀が行われた。その趣旨は、いずれも国・郡の境界にあたる道路上で疫病神をもてなし、満足して引き返してもらうことにあった。平安時代の京都では、疫病を治めるための祭りとして「やすらい花」が催されたが、これも病をもたらす霊を鎮撫するための作法であった。

ときに、より強力な善神や仏法の力を借りて、疫神を退散させるという方法が用いられることはあった。けれども、基本的に、力ずくで退治するという手段は論外だった。疫病神は敬意を払うべき対象ではあっても、人が正面から立ち向かうような相手ではなかった。たとえ我々に危害を加える厄介な存在であっても、まず心掛けたことは調和と共存だった。

神が何らかの不満を持っているからその祟りとして疫病が流行するのであり、まず人がなすべきことは神の発するメッセージに謙虚に耳を傾けることだった。人の健康に有害なウイルスや菌を人類の敵とみなし、その根絶を目論むようになるのは、近代になってからの現象だったのである。

人がこの世界の主役であるという自負のもと、他者に埋没しない強い自己主張を肯定する近代西欧的な実践倫理を、仮に〈主体性の哲学〉とよぶことにしよう。それに対し、宇宙が万物の調和の上に成り立っているという前提に立って、人同士、人と万物の調和を重んずる生き方を〈関係性の哲学〉とよぶことにしたい。私は一見対照的に見えるこの二つの立場が、どちらも生物としての人間の本性に根ざすものであると考えている。

どのような生き物でも、命の危機に直面するような事態になれば、いかなる手段を取ってもそこから脱出しようとする。ところが、それと一見矛盾するようだが、自身の命を進んで差し出すケースが生物の中ではしばしば目撃されている。例えば、ミツバチが天敵であるスズメバチから巣を守るために、みずからを犠牲にするような行動を取ることはよく知られている。生物は自分の命を守ろうとする本能と、自身の属する種や集団を守り抜くために、時にはその命をあえて差し出すという本能とが、二つながらその遺伝子の中に組み込まれているのである。

それを肯定的に論ずるか批判的に論ずるかの違いはあっても、周囲への周到な配慮と集団への過剰な同調とを「日本的」な行為とする論調はしばしばみられるところである。しかし、それが実際に日本列島に多くみられ、現代社会にまで影響を及ぼしているとしても、これを直ちに日本的なものと捉えることに私は賛成できない。個人第一主義と集団優先主義は、生物がもつ二つの本質的な性向に根差している。そのいずれが主流を占めるかは、個々人の個性やそれを取り巻く社会的環境によるところが大きい。現代日本が集団主義の卓越する社会に見えるのは、その背後にそれを引き出すような日本社会の客観的状況が存在するからなのである。

日本社会は中世までは極めて流動的だった。食物や生存の手段を求めて、人々が移動を繰り返す時代だった。そうした時代には、人を蹴落としても自分が生き延びようとする強烈な自己主張が不可欠だった。戦国時代（一六世紀）までの日本列島には、私たちのイメージする集団主義では捉えられないような型破りの人物が数多く存在した。彼らが実践する常識の枠を越える言動は、「バサラ」と呼ばれた。被支配層が共同体に埋没し、個性を殺した同調的な生き方を強いられるようになるのは、人の土地への定着が進み、固定化された村落の形成が広範に形成される江戸時代以降のことだったのである。

4

自分たちの周囲を振り返ってみればわかるように、人間が作る集団はそれがいかに小さなものであっても、その内部に感情的な軋轢や利害の対立を発生させることを宿命としている。かつて人類は、宗教儀礼を通じてカミという他者へのまなざしを共有することによって、共同体の構成員同士が直接向き合うことから生じるストレスと緊張感を緩和しようとした。

日本の中世に広く行われた「起請文」には、集団の秩序維持に果たしたカミの役割が端的に示されている。起請文とは、ある人物ないしは集団がみずからの宣誓の真実性を証明するために、それを神仏に誓った文書であり、身分階層を問わず膨大な数が作成された。起請文の末尾には監視者としての神仏の名が記され、起請破りの際にはそれらの罰が身に降りかかる旨が明記された。双方の言い分が対立したとき、起請文を作成した上で二人を堂社に籠らせ、鼻血が出るなど、先に体に異変が起こった方を負けとする方法もしばしば取られた。

だれかを裁かなければならなくなったとき、人々はその役割を超越的存在に委ねることによって、人が人を処罰することにともなう罪悪感と、罰した側の人間に向けられる怨念の循環とを断ち切ろうとした。カミによって立ち上げられた公共の空間は、羊水のように集団に帰属する人々を穏やかに包み込み、人間同士が直にぶつかりあうことを防ぐ緩衝材の役割を果たしていたのである。

カミが緩衝材の機能を果たしていたのは、人と人の間だけではなかった。集団同士の対立が極限までエスカレートすると、人はその仲裁をカミに委ねた。前近代の日本列島では、村の境界や日照りの際の川からの取水方法をめぐって共同体の間でしばしば紛争が生じ、死傷者が出ることも珍しいことではなかった。その対立が抜き差しならないレベルにまで昂まったときに行われたものが、神判（しんぱん）とよばれる神意を問う行為である。

神判の代表的なものに、盟神探湯（くがたち）がある。これは熱湯のなかに手を入れて、なかの小石などを拾わせるものであり、対立する双方の共同体から代表者を選出し、負傷の程度の軽い方を勝ちとした。勝利した側に神の意思があるとされ、敗者側もその裁定に異議を差し挟むことは許されなかった。カミの実在に対するリアリティの共有が、こうした形式による紛争処理を可能にしたのである。

前近代の日本列島では、深山や未開の野にはカミが棲むと考えられていた。そのため、そこに立ち入ったり狩を行ったりするときには、土地のカミに許可をえる必要があった。かつて猟師の世界では、狩りのために山に立ち入るにあたって数々の儀礼を行うことが不可欠とされてきた。また山中でも、言動をめぐって多くのタブーが存在した。

その背景には、人の住まない山はカミの支配する領域であり、狩りという行為はカミの分身、あるいはカミの支配下にある動物を分けていただく儀式であるという認識があった。そのため、獲りの対象は必要最小限に留め、獲物のいかなる部位も決して無駄にしないように努めなければならなかった。それが乱獲を防ぎ、獲物をめぐる集団同士の衝突を防止する役割を担ったのである。

カミは海峡を隔てた国家の間においても、緩衝材としての役割を果たしてきた。日本列島と朝鮮半島との間に浮かぶ沖ノ島は、四世紀以来の長期にわたる祭祀の跡が残されている。日本から大陸に渡ろうとする航海者たちは、この島に降り立って、その先の海路の無事をカミに祈った。

島も大海原も、その本源的な支配者はカミであると信じられていた。かつて辺境の無人島はその領有を争う場所ではなく、身と心を清めて航海の無事を静かにカミに祈る場所だった。島だけではない。王の支配する国家の間に広がる無人地帯も、その本源的所有者はカミだった。人が住まない場所はカミの支配する領域だったのである。

だが、近代に向けて世俗化の進行とカミの世界の縮小は、そうしたカミと人との関係の継続を許さなかった。この世界からは神・仏だけでなく、死者も動物も植物も排除され、特権的存在としての人間同士が直に対峙する社会が出現した。人間中心主義としてのヒューマニズムを土台とする、近代社会の誕生である。

近代思想としての人間中心主義＝ヒューマニズムが、人権の拡大と定着にどれほど大きな役割を果たしたかについては贅言する必要もない。しかし、近代化は他方で、わたしたちが生きる世界から、人物間、集団間、国家間の隙間を埋めていた緩衝材が失われていくことを意味した。明治期の北海道に典型的なように、カミが支配した山や大海や荒野は「無主」の地とよばれ、人間の支配の手が伸び、分割されて境界線が引かれた。荒涼たる砂漠や狭小な無人島の帰属をめぐって、会ったこともない「国民」間で負の感情が沸騰するような現象が日常化するのである。

5

人間を包み込むカミの実在を前提とする前近代の世界観は、そこに生きる人々の死生観をも規定していた。

私たち現代人は、生と死のあいだに明確な一線を引くことができると考えている。ある一瞬を境にして、生者が死者の世界に移行するというイメージをもっている。だがわたしたちにとって常識となっているこうした死生観は、人類の長い歴史のなかでみれば、近現代にだけみられる特殊な感覚だった。

前近代の社会では、生と死のあいだに、時間的にも空間的にもある幅をもった中間領域が存在すると信じられていた。呼吸が停止しても、その人は亡くなったわけではない。生と死の境界をさまよっていると考えられたのである。

その期間の周囲の人々の言動は、背景にあるコスモロジーと死生観に強く規定された。日本列島についていえば、身体から離れた魂が戻れない状態になったときに死が確定すると考えられていた古代では、遊離魂を体内に呼び戻すことによって死者を蘇生させようとする試みがなされた。不可視の理想世界（浄土）が人々に共有される中世になると、死者を確実に他界に送り出すことを目的とした追善の儀礼が行われた。死者が遠くに去ることなく、いつまでも墓場に住むという感覚が強まる近世では、亡者が現生で身にまとった怒りや怨念を振り捨て、穏やかな祖霊へと上昇していくことを後押しするための供養が中心となった［佐藤 2008］。

前近代の社会では、生と死が交わる領域は呼吸が停止してからの限られた期間だけではなかった。生前から、死後の世界へ向う助走ともいうべきさまざまな儀礼が営まれた。死が確定して以降も、長期にわたって追善供養が続けられた。生と死のあいだに一定の幅があるだけではない。その前後に生者の世界と死者の世界とが重なり合う長い期間があるという認識が、前近代の人々の一般的な感覚だった。生者と死者は、交流を続けながら同じ空間を共有していた。生と死そのものが、決して本質的に異なる状態とは考えられていなかったのである。

こうした前近代の死生観と対比したとき、近代が生と死のあいだに往還不可能な一線を引くことによって、生者の世界から死者を完全に排除しようとした時代であることが理解できるであろう。

いまの日本では死は周到に隠ぺいされ、人間でも人以外の動物でも、生々しい死体を直接目にする機会はほとんどなくなってしまった。普段の食事で、牛や鳥や魚の死体を口に運んでいるという感覚を持つことはまずありえない。だれもが死ぬという当たり前の事実すら、公然と口にすることを憚る風潮がある。

いったん人が死の世界に足を踏み入れてしまえば、慌ただしい形式的な葬儀を終えて、親族はただちに日常生活に戻ってしまう。別世界の住人であるがゆえに、死者はもはや対等の会話の相手とはなりえなかった。死者の側の能動性は失われ、生者による一方的な追憶と供養の対象と化してしまうのである。

かつて人々は死後も縁者と長い交流を継続した。それは、やがて冥界で先に逝った親しい人々と再会できるという期待に裏打ちされた行為だった。それはまた、自分自身もいつかは墓のなかから子孫の行く末を見守り、折々に懐かしい家に帰ってくつろぐことができるという感覚の共有にほかならなかった。

死後も親族縁者と交歓できるという安心感が社会のすみずみまで行き渡ることによって、人は死の恐怖を乗り越えることが可能となった。そこでは死はすべての終焉ではなく、再生に向けての休息であり、生者と死者との新しい関係の始まりだった。死はだれもが経験しなければならない自然の摂理であることを、日々の生活のなかで長い時間をかけて死者と付き合うことによって、人々は当たり前のこととして受け入れていったのである。

しかし、死者との日常的な交流を失った現代社会では、人間の生はこの世だけで完結するものとなった。死後世界はだれも足を踏み入れたことのない闇の風景と化した。ひとたび死の世界に踏み込んでしまえば、二度とわが家に帰ることはできない。親しい人、愛する人にも、もはや会うことは叶わないのである。

近代人にとって、死は現世と切断された孤独と暗黒の世界だった。死がまったく道標のない未知の道行であるゆえに、人は生死の一線を越えることを極度に恐れるようになった。どのような状態であっても、患者を一分一秒でも長くこちら側の世界に留めることが近代医学の使命となった。いま多くの日本人が生の質を問うことなく、延命を至上視する背景には、生と死を峻別する現代固有の死生観があるのである。

6

欧米諸国と比べれば、日本列島はいまだに自然と人との連続性、対称性を強く保持する社会である。道端には何をまつるとも知れない無数の祠があり、野の花が生けられている。都市のここかしこに石仏や祠が残っていて、祈りを捧げる人の姿がある。しかし、その日本でもカミは着実に存在感を弱めつつある。

こうした状況を前にして、いま日本列島でも世界の各地でも、現実社会のなかに再度カミを引き戻し、実際に機能させようとする試みが始まっているようにみえる。人間の〈主体性〉のみが肥大する近代化に歯止めをかけ、もう一度人と環境との〈関係性〉を見直そうとする試みである。

例えば、終末期医療や心のケアに宗教を介在させようとする動きである。その代表的な運動が、東北大学をはじめ多くの大学で進められている臨床宗教師の育成である〔谷山二〇一六〕。「臨床宗教師」は、キリスト教文化圏におけるチャプレンに相当するする存在で、「被災地や医療機関、福祉施設などの公共空間で心のケアを提供する宗教者」をいう。その育成講座には、仏教、キリスト教、神道、新宗教などさまざまな信仰者が参加している。

宗教者であることが基本的な資格であるが、自宗の優位を公言したり、布教や伝道行為を行ったりすることは禁止されている。宗教者としての経験を生かし、相手の価値観を尊重しながら、みずからの病や親族の死などによって心の重荷を負った人々に寄り添い、宗教者としての経験をいかして、看取りやグリーフケアを行うことを任務とするものである。東北大学病院緩和ケア病棟など、国公立の病院でも臨床宗教師の採用が進められている。現代医療のあり方に対する反省に立って、医療の現場にカミを導入しようとする活動が始まっている。

息の詰まるような人間関係の緩衝材として、新たに小さなカミを生み出そうとする動きも盛んである。一九九〇年代から始まるスピリチュアリティや精神世界の探求のブームは、そうした指向性の先に生まれたものだった。ペットブームもまた人間関係の緩衝材を求める人々の無意識の反映と考えられる。

二一世紀に生きるわたしたちは、かつて近代の草創期に思想家たちが思い描いたような、直線的な進化の果てに生み出された理想社会にいるのではない。近代化は人類にかつてない物質的な繁栄をもたらす一方で、人間の心に、昔の人が想像もしえなかったような無機質な領域を創り出した。民族差別の言説や弱者へ投げかける罵倒の言葉が、いまネット上に溢れている。

この問題の深刻さは、それが文明の進化に伴って浮上したものだということにある。いまそこにある危機が近代化の深まりのなかで顕在化したものであれば、欧米で発展した人間中心の近代ヒューマニズムを相対化できる長いスパンのなかで、文化や文明のあり方を再考していくことが求められている。日本発の人文学と哲学が果たすべき役割は、まさにその点にある〔末木二〇一九〕。

いま私が指摘した〈関係性の哲学〉を可視化したものが、曼荼羅である。曼荼羅は密教の修法などで本尊として用いられる図像で、一枚の絵に膨大な数の仏たちが書き込まれている。一つ一つの仏が、この世界のあらゆる存在を象徴している。宇宙を構成する万物が調和を保って共存している様子が、一幅の絵として表現されているのである。

近年、その思想が再評価されている植物学者の南方熊楠（一八六七―一九四一）も、独自の曼荼羅を描いている。熊楠も自然と人間の共存を重視した人物であり、無秩序な自然開発に警鐘を鳴らし続けた。

こうした世界観によれば、天災や疫病は万物の調和が崩れた結果にほかならず、その均衡を取り戻すために儀礼が行われ、祈りが捧げられた。その努力が成就して調和が回復したとき、疫病神は邪悪な衣を脱ぎ捨て、人々を守護する善神へと変身を遂げるのである。

Covid-19による死者数が、欧米諸国と比較したとき、日本では著しく低いことが指摘されている。その原因として、マンチェスター大学のジェームズ・リーズンが提唱した「スイスチーズモデル」を用いた説明がなされている〔リーズン二〇一四〕。

スライスしたスイスチーズには、いくつもの穴が空いている。そこをウィルスが侵入する通り道とみなした場合、ウィルスが通り抜けられないようにするためには、穴を塞ぐためにスライスチーズを何枚も重ねる必要がある。多様な医療面での対策に加えて、日本人が生活習慣として行なっている手洗い・うがい・大声での会話の自粛・適度な距離の保持などの行為の一つ一つが、重ね合わせられたスイスチーズのイメージで捉えられているのである。

私はこの指摘を的確なものと考えているが、より根本的な問題は、なぜ日本人が当たり前のようにそうした行動をとっているかである。その背景には、日本人がこれまで行なってきた、災いをもたらすものたちとの長く粘り強い共存の試みがあった。

7

近代化の進展のなかでひとたび社会から放逐されたカミや死者との関係を、いかに再構築していくかが今日の課題となっていることを述べた。それは〈主体性の哲学〉の突出した社会にいかにしてカミを呼び戻し、失われた〈関係性の哲学〉をどのように機能させていくかという問題にほかならない。

「関係性」は今日、哲学や社会学や教育学の分野でもキーワードとなっている。人は一人で社会性と主体性を身につけるのではなく、共同体や社会のなかでそれを育んでいく、という視点の重要性が共有されるに至っている。ただそこでいわれる「関係」は、まだ人間社会内部のそれに限定されており、森羅万象が織りなすコスモロジーを前提とするものにはなっていない。他方、近年人類学の分野では、人の生活のあり方だけではなく、共存する家畜や動物・植物までを視野に入れた「マルチスピーシーズ民族誌」が提唱されている〔奥野二〇二二〕。

かつてこの地球上には、人以外のさまざまなものたちがわたしたちに語りかけてくる時代があった。『日本書紀』の「草木ことごとくによくものいう」という言葉が示すように、動物から草木、果ては疫病神までが、生き生きと活動して、わたしたちに向かって言葉を発した。それはこの世界を、人が森羅万象とわかち合っているという感覚の共有にほかならなかった。

人は万物をカミとして尊重した。ときにそれらが暴走して、人に祟りや害をなすことがあっても、決して忌避できない同居者として共生する知恵を身につけていた。「草木国土悉皆成仏」の思想も、感染症をもたらすものたちを「神」として尊重する立場も、その源はそうした発想に根ざしていた。

いまカミがわたしたちに向かって言葉を発することはない。草木も口を閉ざしてしまった。その原因は、それらが人に語りかけることをやめたからではない。わたしたちがその声に耳を傾ける努力を放棄してしまったからである。人が万物の発するメッセージを聴き取る力を失ってしまった結果なのだ。

それは、人間がこの世界の主役であるという近代的な世界観の台頭と密接に関わる現象だった。それはまた、人がこの世界を他の無数のものたちとわかち合っているという感覚の喪失と、表裏をなす出来事だった。人類は地球における唯一の特権的存在と化し、その傍若無人の振る舞いを抑止するものはなにもなくなってしまったのである。

いま人間の生活が環境に与えた影響によって、世界各地で異常気象が相次いでいる。廃棄されたプラスチックによる汚染は、地球全体に広がっている。人間はといえば、こうした地球規模の危機に力を合わせて対応するどころか、人種・宗教・国籍・信条を口実にした対立はますますエスカレートしている。この地球にとってもっとも危険な存在は、実は人類そのものなのである。

国境を超えて協力し合わなければ、もはや人類は生存することはできない。人以外の無数の生物・無生物がいて、初めて人類も生き延びることができる。「草木国土悉皆成仏」とは、万物と人との秩序ある共生の大切さを説く思想だった。コロナウイルスの蔓延は、特権的な地位にあぐらをかき、地球上のすべての生物を滅亡の危機に晒している人類に対する、共棲者からのきびしい警告のサインにほかならない。

わたしたちはウイルスを不倶戴天の仇敵としてのみ捉えるのではなく、ときにはそれが発するメッセージに謙虚に耳を傾けてみることも必要である。ウイルスの視点から、パンデミックの光景を捉える試みが求められている。それが流行病を神の仕業と捉え、万物に聖なる命を見出そうとした、過去に生きた人々の知恵＝〈関係性の哲学〉に学ぼうとする姿勢ではなかろうか。

今日、人は草木だけでなく、隣人の言葉にすら耳を傾けない時代に入ってしまったようにみえる。国境や民族や宗教の境界を超えて、言葉が届くことがない。いまわたしたちを取り巻く空間を支配しているのは、連帯と共感を求める心ではなく、拒絶と憎しみの感情である。

コロナウイルスたちは、いま人類にどんなメッセージを届けようとしているのであろうか。それを読み解くための努力をしてみたい。わたしたちの周囲にある小さなカミの眼差しを感じ取れるような、そんな日常を取り戻してみたい。閉塞感に満ちた現状を超えた新しい地平が、あるいはそうした試みのうちからみえてくるかもしれない。

参考文献

大平栄子「Rabindranath Tagore と仏教」『都留文科大学紀要』二五、二〇二一

奥野克巳『絡まり合う生命——人間を超えた人類学』亜紀書房、二〇二二

奥山修司『看取り先生の遺言』文芸春秋、二〇一三

佐藤弘夫『死者のゆくえ』岩田書院、二〇〇八（韓国語版二〇一一）

『ヒトガミ信仰の系譜』岩田書院、二〇一二（英語版二〇一六／韓国語版二〇一六／中国語版二〇一八）

『日本人と神』講談社現代新書、二〇二一

末木文美士『草木成仏の思想』サンガ、二〇一五

冥顕の哲学2『いま日本から興す哲学』ぷねうま社、二〇一九

谷山洋三『医療者と宗教者のためのスピリチュアルケア　臨床宗教師の視点から』中外医学社、二〇一六

ジェームズ　リーズン『ヒューマンエラー』海文堂出版、二〇一四

他なるものと共に生きるということ

齋藤直子

> 最も内なるものがやがては最も外なるものとなる。
> (Emerson, 1990, p. 131)

1　世界哲学と共生

今日、人間の分離・分断・疎外、エゴイズムや相互の無関心は、世界を席巻する戦争、民族対立、環境破壊などの根源にあり、それらを悪化させている要因である。こうした背景の下で、我々に突きつけられる切迫した課題のひとつは、異なる他者と共に生きることであろう。昨今この課題に「世界哲学」という観点から精力的に取り組まれているのが、未来哲学研究所の納富信留氏、そして中島隆博氏である。両氏は、アプローチは異なるものの、「世界哲学」という視座から哲学が今、世界という視座で果たすべきつとめを問い直されている点で共通する。中島氏は、去る二〇二四年六月一五日に開催された、地球システム・倫理学会の研究例会で「世界哲学と人間の再定義」という講演をなさった(中島 2024)[1]。本稿はこの中島氏の講演に触発され、それを契機に改めて生じた「他なるものと共に生きるということ」はいかなることか、そしてそれを可能にするための教育のあり方はいかなるものか、という問題を論じるものである。

中島氏の講演では、哲学が古来問うてきた、個別と普遍についての問いが新たに提起された。冒頭では、京都フォーラムが二〇一八年に開催した「世界哲学を構想する」という会議で同氏が宣言された、「世界哲学」についての趣旨文が紹介された。

> 哲学が特定の言語・社会・文化に深く根ざしながらも、普遍への問いを放棄しないとすれば、今日「世界哲学」をどう構想すればよいのでしょうか。あるいは「世界哲学」という概念設定それ自体をどう考えればよいのでし

ょうか。再び哲学のバウンダリーが問われるはずです。それが宗教や批評さらにはフィロロジーとどう異なり、どう異ならないのか。いったい哲学の問う「普遍」とはいかなるものであり、どのようにそれに関与すればよのか。さらには、誰が「世界哲学を構想する」のか。このような複数の連関する問いがすぐに浮かんでまいります
(中島隆博「趣旨文」、京都フォーラム「世界哲学を構想する」二〇一八年七月)。 (中島 2024, No. 12)

この趣旨文には、世界哲学の課題として、以下の三つの要点が含まれている。第一は、文化の多様性を維持しながら普遍性を希求することはいかにして可能かという、個別と普遍の関係についての哲学的問いである。哲学と普遍性については、納富氏が、近著『世界哲学のすすめ』(二〇二四年)の中で、普遍化可能性について、ギリシャ哲学が求めた普遍性は単なる画一性ではなく、『個別特定の状況において普遍的に説明されうるuniversalizable』という可能性ではなかったか」として、一つの可能性であるという立場を示している(納富 2024, 一四七頁)。そして、ここで中島氏の「普遍化 universalizing」という理念について、「議論や翻訳を通じて、多様なものの間の動的な移行から、何か同一のものを明らかにする思考の営みにおいて、『普遍性』が目指されるという考え」であるとして、これを支持している(一四八頁)。第二は、それにどのように関与するか、という哲学の実践性に関わる問いかけである。再び、これについても、納富氏は前掲書の中で、世界哲学は専門研究者の独占フィールドではなく、「私たちが生きる現場でわたしたちの世界が直面する課題を考えるための開かれた試み」であると述べている(三八頁)。このことは、おのずと、どのようにして世界哲学的なメンタリティ、思考様式、行動力を育てればよいのかという教育的問いをも含意する。そして、第三には、「誰が」世界哲学を構想するかという、当事者性の問題である。すなわち、普遍性はどこかに手をこまねいて待っているものではなく、この私が、他者に、世界にいかに関与するかという、自らの生き方を巻き込みつつ、いわば達成されていくということである。こうして、中島氏や納富氏が提示する世界哲学の構想は、ひとりひとりの生き方に関わるものとして哲学のつとめを問い直すものである。

ここで世界哲学を構想し実践し、そして多様性のもとで普遍性を実現していく上で鍵となるコンセプトとして中島氏が提示するものが"Human Co-becoming"——「他者とともに、他者を通じて、人間的になる」こと——である(中島 2024, No. 18)。中国語圏では、これが「共生」の翻訳

として理解されるようになっているという（中島 2024, No. 19）。中島氏は、この共生の条件として言語を通じた自己と他者の社会性について、以下のように述べた。

> どのような自然言語の状況にあっても、わたしたちは必ず他者の言語を自分の言語にするプロセスを経ている。自分だけの内奥の秘密であっても、それを表現する言語は、自分の私的言語ではなく、他者の言語なのだ。したがって、心もまたどれだけ自分に固有のものだと自ら感じたとしても、ある種の社会性を帯びざるをえない。その自分もまた同様に、他者と分かち合われるものなのだ。
> (No. 17)

ここで着目すべきは、まず、共生が、co-being ではなく、co-*becoming* という動態になっている点である。そしてそれが *human* co-becoming として、人間になりゆく、という変容のプロセスを巻き込むものである。このことは、一人一人の生き方を賭して、他者と共に、普遍性が達成されてゆくという、動きに力点がある。世界哲学にとっての文化の固有性と普遍性の問題は、まさに他者と共にいかに生きるか、ということにかかっていると言っても過言ではない。その根底には、戦争やいがみ合いで分断される世界情勢の中で、また地球規模の危機の中で、「わけのわからないもの」といかにつながるかという切迫した問題意識がある。中島氏は、チャクラバルティを引用して、「歴史的な差違を超えて類縁性をつくりだす（make kin）」ことに言及する（チャクラバルティ 2024; 中島 2024, No. 22）。講演において中島氏はこれを、「同一性にひっぱられずに差違を尊重する」と表現された。それは何か普遍的なものを想定する考え方とは抜本的に異なるということである（中島 2024, No. 23）。そして講演の最後で、中島氏はマルクス・ガブリエルの『倫理資本主義の時代』（二〇二四年）を元に、「自他の相互変容という倫理」の要としての「共生」についてのガブリエルの言を引用された。

> 再び中島隆博氏の「共生」の解釈を引用するならば、人間として生きることの本質的自由は、同時に道徳的自己規制の基盤でもある。人間が倫理的であるのは、正当な自己解釈に規範的指針を与えるためだ。それを通じて自らに法律を与え、自律的になる。ゆえに自律性は社会的条件の下での自己規制を伴う（ガブリエル 2024, p. 252）。
> (中島 2024, No. 34)

ここでも再び、共生の根本にある己の倫理的生き様が問われている。

本稿では、ひとりひとりの生き方と不可分な世界哲学の構想をさらに豊かに発展させるために、そこに内包されつつも明示的に問いかけられていない問いを紐解いてゆく。その問いとは、中島氏がガブリエルを引用して用いている言葉、「人類共通の人間性」――英語にするならcommon humanity――という言葉が届かない、空転する現状から出発して、いかにひとりひとりがこの語彙を自らのものとして実感し語ることができるようになるのか、というものである。世界紛争から、身の回りの人間関係にいたるまで、人が生きるということには「差異の尊重」という承認の政治学（Taylor 1992）の言語と思考様式が行き止まらざるをえない局面が満ち溢れている。「人類共通の人間性」という言葉が跳ね返される現実があることも確かである。世の中で人々が被る徹底した孤立や分離、疎外状況は、差異を超えて親近性、近さ、つながりを生み出すことすら信じがたい、とてつもない離別状況を生み出している。こうした状況は、教育にとっても切実な問題である。人は地球共同体の一員であるといった環境教育やホリスティック教育、世界市民性の教育の一部のディスコースに見られるように、聞き心地のよい共生の言語使用には、レトリカルな言葉が一人歩きし、どこか思考をストップさせるものがある。「共生」という言葉が世の中に流布すると、普遍性に依拠しないとは言っても、どこかで、共通の人間性にスライドしてしまう。それが問題であるのは、「共生」という言葉が他者の知りえない生への感受性を鈍らせ、思考をストップさせ、覆い隠してしまう機能を果たすマジックワードであるからだ。現代社会や世界紛争の分断や社会の孤独の問題を見るときに、つながりや共同体の前提から出発して人が変わる、人を変えることは可能なのか。そうした問いから改めて、「他者と共に生きる」ということの意味を問い直す必要があるのではないか。「共通の人間性」や「類縁性」に依拠することなく、それでもなお「他者と共に生きる」道のりを、われわれはどのように築いてゆけばよいのだろうか。――この問いに応えるためには、分離や疎外を原点とし、それを背負い続けるco-becomingのあり方、徹底した個の単独性を起点とした共生の哲学が必要とされるのではないか、というのが本稿の仮説である。

本稿では、この仮説を検証すべく、他者と共にありえないことから出発する共生への道筋を、スタンリー・カベルのアメリカ哲学から引き出される「翻訳としての哲学」という観点から描き出してゆく。これは、「最も内なるものが、やがては最も外なるものになる」というエマソンの言明に含意された個別から普遍へ、孤立から共生への道筋を実現するために、カベルの日常言語哲学を「翻訳としての哲学」というアングルから紐解いてゆく試みである。それを通じて、「共生」という言葉の背後で覆い隠される、他者と共に生きることとの必須条件を導き出していきたい。そしてそれをもとに、いかにいかにして他者と共に生きるようになるか、人間の変容は可能になるかという実践的・教育的問いへの答えを探ってゆく。

以下第2節ではまず、「他者と共にありえないこと」という人間の生き様を、ポール・スタンディッシュの論考"Reading Narrative"をもとに描き出す。これを通じて、他者の生、ひいては人間が置かれた社会や歴史の状況を「読む」ことの不可能性を起点に、ずれを抱え、とらえきれない他者の生を引き受ける哲学の言葉、哲学の思考はいかなるものかという問題提起を行う。これに応じる哲学として、第3節では、スタンリー・カベルの日常言語哲学をもとに「翻訳としての哲学」を提起する。カベルは、デューイのプラグマティズムにおける co-becoming の思想をさらに超える形で、生き方としての哲学としてのアメリカ哲学の可能性を開く。最終節では、Uncommon なものからしか出発しえない Common への道筋を、ソローの思想をもとに「孤立のための教育」(カベル 2005, p. 104) として提示する。そして、それは遠回りではあるが、もっとも切実な他者と共に生きることへの応答であるということを結論づける。

2　他者と共にありえないこと (Being literate, being illiterate)

共通の人間性があるかもしれない、ということが頭では理解できつつも、それが跳ね返されるような他者の生との関わりに、また自らとの関わりに、人は日々直面する。そして世の中で起きている悲劇、歴史の悲劇もまた、他者と共にあることとの困難さ、他者を理解することの不可能さから生じている。ポール・スタンディッシュは、このとてつもない難しさを起点にした共生への道のりを、共著『教育のセラピー』第四章「ナラティヴを読むこと」("Reading Narrative")において描き出している。それによれば、昨今の教育においては、「ナラティヴ・セラピー」が隆盛であるが、それは「自己の告白的理解」を促進させるものである (Standish, et.al 2007, p. 55)。またナラティヴ研究やライフヒストリー研究においても、「自意識的な反省」(p. 58) がなされる。こうした動向のもとで、スタンディッシュは、ナラティヴに基づく教育や研究の背後にある想定を批判的に指摘する。

第一は、統一性と直線性という問題である。ナラティブの教育や研究においては、人のアイデンティティの多様性が唱道されつつも、その相互関係性は依然として直線的な経路から成り立っている。そこにおいて、調停され調和が生まれると想定される。第二は、我々は自身のストーリーの著者であるべきだという想定である。その想定の下で語られる、他者の多様性を受け入れようという言明は、他者の歓待をどこかで阻止するものをもつ。第三は、ナラティブにおける言語論的転回において、ナラティブの語りや言語使用が限定的になっているということである（pp. 62-63）。すなわち、「ナラティブは、統一性と内的一貫性をもち、語り手の見地のもつ権威が慣習的なことがらとしてみなされる」という傾向である（p. 63）。こうした想定により、ナラティブへの訴えは、「個人がストーリーを書き直す（re-authoring）正当性、ストーリーを語る声の真正性（authenticity）、自己の反芻的プロジェクト、そしてポストモダン的な分断の中で統合性を回復すること」に向けられる（p. 63）。それは、「ロマン主義化されたり、感傷化される真正な自己というとらえ方」を強化していく（p. 64）。スタンディッシュは、こうしたナラティブ的転回が人を「受諾する」（acknowledgement）ことよりもむしろ「知る」（knowing）ことに向かう可能性を危惧する（p. 63）。すなわち、「我々が自分自身にとっての異人であるかもしれない様」を覆い隠す可能性である（ibid.）。

こうしたナラティブ的転回の動向、そこで想定される自己観や言語観に対して、スタンディッシュは、「我々が互いを『読む』というときに、我々が完全には掌握しきれないものに接近すると考えられないだろうか」という問題提起をなす（p. 64）。そして、デリダの言語論に言及しつつ、スタンディッシュは、言葉というものは、その意味が決して完全には実現されえず、たえず終わり、さらに先送りされていくものであると述べる。「言葉は、我々が予測することが不可能なコンテクストの中で、新たな引用、再配置、再解釈に開かれる」（p. 64）。この未知の背景や意味の差延こそが、我々を我々たらしめているものである。もしこれが言語存在としての人間の有様であるなら、読み手とテクスト、聞き手と語り手の二分化構造をはらむ「読む」ことには他者性が巻き込まれる。つまり、他者性はテクストの中にあり、そしてまた自伝において著者は完全にその書き物に自分自身を閉じ込めることができない、という二つの意味においての他者性である。人の人生には、たえず、いかなるテクストもが網羅しきれない余剰があるというのである（p. 64）。こうした言語のとらえ方は、自己の統合性に向かうナラティヴ的転回に対して、「非統合性」(non-integrity)(p. 65)を志向するものである。この自己と言語のとらえ方は、教育においては、「自己とその成長が、自己から注意をそらすことという逆説的な重要性」につながる(p. 66)。

では、それでもなお「他者の生を読む」ということ、そして他者と共に生きるとはどういうことか。伏線としてのこの問いに対し、スタンディッシュは、ベルンハルト・シュリンクの小説『朗読者』*The Reader*(1995)(映画化された邦訳タイトルは『愛を読む人』)をもとに応じてゆく。同著は、一九五八年、一五歳であった少年マイケルが、彼を介抱した三六歳の女性ハナと恋に落ちるところから始まる。その過程でマイケルは様々な本をハナに読んで聞かせる。別離を経て、数年後、マイケルは法律を学ぶ大学生となっていた。大学のゼミでは、ナチの過去といかに向き合うか、ドイツの集団的罪悪感(Gemran guilt)がテーマとなっていた。そして、その実地見学に訪れた法廷で、マイケルはハナに再会する。彼女は、ナチに与した罪状で訴追されていた。そこでハナは、収容所に収監された人々の焼殺に与した罪で一八年の投獄を宣告された。マイケルが、ハナは文盲であるということを悟ったのは、この裁判の過程であった。なぜ彼女が、文盲であることを隠し通してSSの報告書の誤った記載に与したと偽りの告白を法廷で行ったかは、若き時代になぜハナがマイケルの読み聞かせをかくも楽しんだかという記憶とつながっていく。その後、ハナの牢獄での一〇年間にわたり、マイケルはハナに読み聞かせの録音テープを送り続ける。そして彼女は、宣告より早く牢獄を出られることになったのであるが、その日を見ることなく、牢獄で首つり自殺をしてしまう。

後にマイケルが知ったことであるが、ハナは、牢獄の図書室で録音テープの本を借り、読むことを必死に学んだのであった。その過程で彼女は、ナチの歴史や自らが犯した罪を理解することになる。この小説*The Reader*をもとに、スタンディッシュは、同著において「誰が読む人か」と問いかける。それは、読み聞かせをしたマイケルであり、図書室で読むことを自ら学習したハナであり、そして何よりもこの小説を読む読者である。そしてこの小説は、先に論じた、「自己の非統合性、著者や読み手にとっての言葉の他者性、いかなるテクストもが、人間の生活、人間の行動、意味、歴史を完全に復活させたり、抱えたりすることの不可能性、子ども時代の回復の不可能性」を伝えるものである。大学の法律のゼミで、法を学ぶ真剣な学生たちが求める「解決案」とは対象的に、このことは、「終結することの決してない、読むことの責任」を我々に残す(p.

70)。その意味で、読むことは、終わりなき人間の完成の行為としてとらえられる。

スタンディッシュによる小説 *The Reader* の読解は、他者の生を「読む」ことの不可能性と、それでも人は他者の生を読み続ける責務を負うということを例示するものである。そしてそれは、自らの生を読みきれず、にもかかわらず読み続ける営みでもある。さらにこのことは、個人的な「私とあなた」が共にありえないことの苦悩と悲劇だけの問題にとどまらず、法と正義という社会と歴史とを巻き込む人類の営みを「解釈」する際にもあてはまることである。つまり「読む」ということは、「知る」ことや「理解する」ことに基づく正義や承認の政治学のディスコースだけでは審判を下しきれないような倫理の次元、言語存在としての人間の有様を開示するものである。それは、ハナの死という個別の事象や、ナチによって命を失った多くの人々を巻き込む歴史的事象に対して、残された者が、他者と共にありえないことの苦悩を背負って、死という形で残された他者との永遠の別離にいかに関わり続けていくかという問題でもある。

伏線として、この小説は、マイケルや彼が所属していた法学のゼミの学生と教授、そして、この小説を「読む」識字力をもつ読者が、皮肉なことに、「読めない」、文盲であるという宿命を描くものである。Literate でありながら illiterate であるという言語存在としての人間の宿命や、それが引き起こす悲劇や苦悩を引き受けて、それでもなお他者と共に生きるということはいかにして可能になるのだろうか。スタンディッシュによる、ポスト構造主義に基づく他者性の思考は、ガブリエルが述べた「自己統制」や「自己規制」というカント的な自律性の倫理を超え、他者の受容と自己超越と自己放棄の倫理的生き方へと我々を誘うものでもある。スタンディッシュがポスト構造主義を通じて描き出す他者性の視点は、差違を「超える」ことが難しい状況の中で、差違を超えるのではなく、引き受けて生きること、差違と共に生きることの終わりのなさを描き出すものでもある。それは、自己の統合性（integrity of the self）を希求し（え）ないがゆえに、自分の安定を崩すことにもなる。

とらえきれないもの、わからないもの、人生の沼地、暗闇（ソロー）、そういったものに届く哲学の言葉、哲学の思考はいかなるものか。アイデンティティ理論に向かう哲学、明証性への希求、論証の一面性にいかに抗うか。この点について、次節では、言語存在としての人間の条件を紐解く翻訳という視点から応じてゆきたい。

3　翻訳としての哲学——ずれを背負って生きること

ずれと共に、それでもいかにして他者と共に生きるか。本節では、このいかに、ということの手がかりとして、スタンリー・カベルの日常言語哲学とそこから引き出される翻訳としての哲学を手がかりに、スタンディッシュから引き継いだ問いに応答してゆきたい。

先述の講演の中で、中島氏は「〔世界哲学は〕世界の諸地域にある在来の概念を尊重し、それを鍛え直して普遍化することと、概念の世界的循環に焦点を当てて、その翻訳・誤訳・文化的移植を強調することの二つが大きな特徴である」と述べている（中島 2024, No. 16）。また納富氏も、世界哲学のひとつの特徴として、翻訳の問題に触れている。世界哲学が異なる多くの哲学の間で展開される上で、「異なる言語をまたいで議論や考察を行うためには、翻訳が必要」になると述べる（納富 2024, 八八頁）。この多元的言語の関わりとして、納富氏は、世界哲学では英語のみならず、多様な言語が対象にならねばならないという（八九頁）。さらに、哲学という分野では「翻訳不可能性」がとりわけクローズアップされる。それは、「目に見えない理念を表す言葉が、文化や時代によって大きく異なること、それらをまたいで理解を進めることの困難さ」であるという（九四頁）。そして、その困難さを負った上で翻訳が行われると、そこには、「相違やズレ」が生じる（九五頁）。納富氏はこうして、世界哲学という広がりと普遍を志向する営みは、言語の多様性という、個別性や特殊性を抱え込むという、「言語のディレンマ」（九九頁）を背負っているというのである。また、ここで納富氏が特に問題視するものは、このディレンマを解消する上で、英語という共通言語が必要となり、「英語の一元的支配、グローバル化」が進行することである。よって、世界哲学のプロジェクトは、そうした危険を避けて、他言語スタイルを生かす場や手段を探す必要がある（一〇〇頁）。こうして、世界に布置を広げて哲学に取り組むということは、おのずと言語間の「ずれ」を抱え込む翻訳の営みに足を踏み入れることを意味する。また翻訳は、普遍の希求と個別の尊重というジレンマをつきつけるものである。

ここで「翻訳」に伴う「ずれ」の意味を今一度考え直してみたい。中島氏や納富氏が世界哲学で論じる翻訳の「ずれ」は、一つの言語体系と他の言語体系の間に生ずる「ずれ」を主たる問題にしている。そこには、明示化はされていないものの、一文化に対応する一言語という言語観が暗黙裡に想定されているように思われる。本稿では、こうした言語観では救いきれない、言語存在としての人間が、自言語と言われるものの中ですでに抱えている言語とのずれをはらむ関係、言語そのものに内在する「翻訳」という観点から、「ずれ」をとらえ直すことを試みる。そうした翻訳のとらえ方に新たな光を投じるものが、カベルの日常言語哲学である。それは、ずれと共に生きること、そこからいかにして普遍を達成していくかという本稿の課題に対して、単独性から共生への道のり、ずれと共に達成され続ける普遍性という、もうひとつの"co-becoming"の道筋を理解する助けとなる。

カベルの日常言語哲学

カベルの日常言語哲学は、文字を読むことができても文盲でありうるという言語存在としての人間の宿命や、それが引き起こす悲劇や苦悩を引き受けて、それでもなお他者と共に生きるということはいかにして可能になるのかという問いに取り組むものである。デリダとの多くの接点をもちつつも、カベルはアメリカの哲学者として、絶望と希望、過去と未来の際に立って思考する哲学者である。彼は、分析哲学が主流であった時代に「哲学の声」を復権させるべく、第一人称（I, We）で語られる哲学の言語について論じた（Cavell 1994: 2010）。第三人称で語る専門哲学は、第一人称の声を排斥してきた。哲学者の問題は「主張なき」、人工的なコンテクストの中で表明される傾向にある。それに対して、我々の日常言語は、世界について主張をなすことを巻き込む（Standish and Saito 2012, p. 9）。"I"という単数形の声は、第一人称複数形"We"の形成に関わる言語共同体への参与を条件とする。「私の声」は言語共同体の中で試されることによってその意義や正当性を獲得していく。カベルは述べる。「意図の表明は、世界についての特定の主張ではなく、自分自身が発話すること（自分を外に出すこと）である」（Cavell 1979, pp. 179-180）。こうしたカベルの思想の支柱は、後期ウィトゲンシュタインとオースティンの言語哲学であり、同時にエマソンとソローのアメリカ超越主義である。カベルはオースティンの日常言語の手法を採用しつつ、言葉との実存的関係に、より力点を置く。そして単なるウィトゲンシュタインの解釈ではなく、人間の言語との関係、ことばへの依存を詳述する。そのつとめは、哲学を日常性に連れ戻すということである。

哲学を日常性に連れ戻すということは、難解な哲学用語をわかりやすい言語に翻訳することではない。むしろ日常性にはらむ難解さに直面するような言語使用への気づきを促す。これを例証するかのように、カベルの用いる言語は、文体の特徴として、二重にも三重にも意味をもつ単語や、宗教的、文学的背景を背負って用いられる語の連鎖、ことば遊びや語呂合わせ、修辞的技巧や修辞法、リズムやアクセントの変形などに満ちあふれている。読者はカベルのテクストを「読まなければならない立場」に追い込まれる。そして、哲学的思考のしかたとして、主著 *The Claim of Reason*（1979）は、専門哲学の認識論者たちが、なぜ、どのように人間の盲目性を自ら背負って思考しているかを、哲学者の言語使用とその実存的背景に入り込んで精神分析的に描き出す。すなわち、敵として批判し排除するのでなく、相手の自己への気づきをもたらす批評の仕方を行うのである。こうした言語への関わりとその実践は、翻訳不可能性という問題に我々を誘っていく。この特徴は、カベルの書いたものを翻訳しようとするときに、最も顕著に露呈する。(2)

こうしたカベルの言語への関わりは、「ずれ」を巻き込む彼の翻訳観に密接に関わるいくつかの特徴をもつ。第一に、言葉は日常的コンテクストの中で学ばれ意味をもち、コンテクストを絶えず超えて行く（p. 188）。第二は、言語のもつはかなさ、基盤の脆さ、そして開放性である。いかなる生活形式も、それに必須の概念も、無限の数の例や投企の方向性をもっている。そしてこの多様性は恣意的ではない（p. 185）。言語の開放性は、異なる世界を開き、想像力の開放性、文化の開放性につながる。物事のあり方は、我々が使用する言語の脆い構造の中でのみ立ち現れる。言語の性質は固定的ではなく、暫定的なものであり、他者との関係性の中で維持され動き続ける。言語とは、我々がそれ対して働きかけるものである。我々は互いに我々の言葉を試し合う。通常の／ありふれた（common）な言葉の使用は、いつでも震撼し不穏にされ、Common を超える Uncommon をはらむ。言葉は決して完全に確かなものではない。第三に、言語の過渡的・可変的性質は、uncommon による相対主義、主観主義を意味しない。Uncommon という視点はむしろ、我々が言語使用を通じて単独化される有様を示すものである。にもかかわらず、それゆえに、人は「私」が意味するものを「あなた」に訴えかける。自身が意味するものを真剣に受けとめ、それを他者に投げかけるのが言語使用の実践である。それにより、言葉は論証とは異なる意味で明晰さを増す。

翻訳としての哲学(3)

こうしたカベルの言語観は、読み切ることのできないずれを背負って、それでも他者と言葉を交わし、他者の生に関わるとはどういうことかという、翻訳をめぐる地平へと我々を誘っていく。

> ソローの『ウォールデン』についての本は、全体として、まさに、翻訳の問題、ひとつの生活形式から別のものへの変形（transfiguration）と呼びうるものについてのものととらえることができる。（Cavell, forthcoming）

翻訳それ自体が変容であるという意味で、翻訳は、我々の生活の比喩（metaphor）ではなく、むしろ我々の生活の換喩（metonym）である。翻訳は生活の一部である（Standish and Saito 2017, p. 2）。哲学の営みそのものがすでに広義の翻訳の営みであるということを意味するという点で、彼の日常言語哲学は「翻訳としての哲学」と呼んでよかろう。翻訳は命題や言明としての言語間翻訳以前に、個別文脈に根ざした言語の内在的性質に関わるものである。同一言語内ですでに翻訳は始まっている。日本語、英語といった「共通」とされる言語そのものが、すでにその内部にずれや多元性を含み込む。一言語一文化という発想は崩され、言語との関わりはすでに、たえず広義の「翻訳」に巻き込まれている（Saito 2019; 齋藤 2022）。

「共通の人間性」や「類縁性」に依拠することなく、それでもなお「他者と共に生きる」道のりを、われわれはどのように築いてゆけばよいのだろうか――この問いに応えるためには、分離や疎外を原点とし、それを背負い続ける co-becoming のあり方、徹底した個の単独性を起点とした共生の哲学が必要なのではないか、というのが本稿の仮説であった。カベルの翻訳としての哲学は、言語の不安定さ、言語存在としての人間のつかみがたさを通じて、他者と共にありえないことから出発する共生への道筋を示すものである。元言語を尊重しつつ、決して翻訳し尽くせない溝を引き受けて、自らの言葉を生みし続けること、それが「読む」ということである。生きることの混沌やあいまいさを引き受けて思考し続けること、言葉と関わり直し続けること、言葉を生み出していくこと、それは、他者と共有可能な規準を探し続ける営みである。他者とのずれやわかりえなさから目を背けることなく、それでも他者と共に生きることとは、ガブリエルが述べたような、「自律性」や「自己統制」をすら揺さぶり、自己を崩し不穏にするような自己と他者との関わりを伴うものである。そこには、充たしても充たしきれない他者への負債の感覚がある（Cavell and Standish 2012）。Co-becoming の "Co-" は、保証されてはいない。差違を「超える」ことはできない。カベルの思想は、「最も内なるものからやがては最も外なるものへ」のエマソンの道徳的完成主義を今日に蘇らせるものであるが（齋藤 2009）、それはカントの自己統制的な自律的自己の代替案として、自己放棄を通じて自己を超え続ける自己超越と、他者の隣りにあり続ける隣接性の思想を提示するものである（カベル 2012、一三一頁）。これは、自己を律するのではなく、自己を解放する思想であり、我が家に戻るのではなく、我が家を出る出立の思想である（Cavell 2005, pp. 213-235; Standish, et.al 2007, p. 133）[4]。「喪（mourning）から朝（morning）へ」というソローの言を引くカベルの思想は（Standish, et. al 2007, p. 133）、悲劇と希望の際に立ち、過去を懺悔するのでもなく、過去を忘れて明るく生きるのでもなく、別離を背負って共に生きていく、他なるものとの関わりを希求する。それは、共生から出発せず、「類縁性」にも訴えず、差違を維持したまま共に生きることを描く言語と思考の様式として、アメリカ的なco-becomingの思想であると言ってもよかろう。

4　孤立のための教育――他者と共に生きるために

> 『リヴァイアサン』や『市民政府論』、『人間不平等起源論』と同じように――これらの著作は、多少なりとも既存の社会についての前科学的研究であるととらえられるかもしれないが――『ウォールデン』は、何よりも政治教育、ポリスの構成員のための教育の書物である。権威を市民に置き、市民――人がともに構成員であるような人々――を「隣人」と認める。そして市民性の教育が孤立のための教育であるということを示している。
>
> （カベル 2005、一〇四頁）

世界紛争の分断や現代社会の孤独の問題を見るときに、つながりや共同体の前提から出発して人が変わる、人を変えることは可能なのか。そうした問いから改めて、「他者と共に生きる」ということの意味を問い直す必要があるのではないか、という問題意識と共に、本稿は始まった。アメリカ哲学のco-becomingの思想は、生成し続ける共生への道筋を示すものであるが、そこから導き出される「翻訳としての哲学」は、他者と共にありえないことから出発する共生への道筋を示すものであることがわかった。完全に知りえない他者と共にあるということは、自己に対しても、他者に対しても、隣りにあり続けることしかできないことを意味する（カベル 2005、一三一頁）。そしてそれはとりもなおさず、己に対しても他に対してもアイデンティティを固めない、ということである（Standish, et al, 2007）。

カベルの言う「孤立のための教育」は、そうした自と他が共になりゆくための教育を構想するものである。それは、国際理解教育や異文化間教育のキーワードともなっている共生の論理に挑戦する、いわば「包摂なき市民性」(citizenship without inclusion) の教育でもある (Saito, 2004)。そうした教育は、Common から抜け落ちるもの、把捉を拒むもの、知りえない他者を「理解」し、「知る」ことをデフォルトとして目標設定することに抗う。小説 *The Reader* が例示したように、むしろ他者の生は受諾 (acknowledge) し続けるしかないものである。自らの把捉を超え、Common に収まりきらない生の余剰を、ソローは Uncommon school という言葉で表明した。

> この村は、子どものみのためのコモンスクール〔ふつうの公立小学校〕(common schools) という比較的まっとうな制度をもっているが、冬に開講される半ば餓死したライシーアム (市民向け公開講義) や、州の提案によって最近開館したおそまつな図書館を除いて、我々自身の学校は存在しない。我々は、いかなる身体の栄養物、とりもなおさず病気には、精神的な栄養物以上にお金をかける。今や、我々が成人男女になり始めたとたんに教育を去ることがないように、アンコモンスクールを作る時である。今や、村が大学となり、その年のいった住人たちは大学の研究員となって余暇として——もし実際に生活にゆとりがあるなら——残りの生涯、教養 (liberal studies) を追求する時である。
>
> (Thoreau 1992, p. 74)

ここでソローは、機知に富む *Uncommon* schools という構想を提示しているのであるが、これは、既存の学校の外に、フリースクールや通信制学校のようなオータナティブスクールを物理的に創設することを言っているわけではない。また、Uncommon は、たんなる Common の否定形ではなく、Uncommon、すなわち共通でないもの、共有できないもの、異質なもの、稀なものを意味する。それは、我々が「共通」、「あたりまえ」と認識して慣れ親しんでいるものに、実は、すでに異質性が入り込んでいることを想起させる仕掛けである。Common は Uncommon を通じて達成され続けてゆく。その意味で、Uncommon は、共通の人間性 (common humanity) の一部である。さらに、Uncommon とは、主観主義・相対主義ではなく、個の単独性 (singularity) を象徴する概念であり、共通性 (commonality) とは、この単独性に依拠しているのである。

Uncommon school は、市民性教育が教える市民となるための共通知識やスキルに先立つ、言語存在としての人間のUncommonな条件に立ち帰った教育を、既存の学校や日々の生き方において想起することを訴えるものである。例えば、歴史解釈や小説の解釈において、Commonから抜け落ちるもの、把捉を拒むものを読み続けることを通した美的想像力の育成が例となるであろう。あるいは、言語教育としてのUncommon schoolingは、"I think"の発話が、Uncommonなものとして言語共同体で試されることによってのみ意味をもちCommonを活性化させていくような、対話のスタイルを築くものであろう。

　こうして、孤立のための教育は、Uncommonなものからしか出発しえないCommonへの道筋を通って、遠回りではあるが、もっとも切実な他者と共に生きることへの応答である。「教育」は、子どもにとっての教育であるだけでなく、大人にとっての教育でもあり、人間になりゆく(becoming)ことに関わることがらである。これは、たゆみなき、終わりなき言語との関わり直しを必要とする。哲学することは、おとなになり続ける人間の教育そのものである。言語との関わり直しとしての翻訳は、変容と再生の過程を含意し、自らが「疎外状態」(カベル 2005, 六八頁)をくぐり抜けることを求める。他なるものと共に生きることとは、そうした疎外を自らが負うて生きることにほかならない。

注

(1) 中島氏の講演のパワーポイント資料については、必要に応じてスライド番号をNo.として示す。

(2) カベルは、『ウォールデン』をより難解にするために『センス・オブ・ウォールデン』を執筆した(スタンディッシュ、齋藤 2005)。

(3) 「翻訳としての哲学」をめぐる詳細な議論は、拙著(Saito 2019; 齋藤 2022)を参照。

(4) カベルは、ハイデガーが故郷/わが家への回帰の志向をもつのに対し、ソローは出立の志向をもつことを対比的に論じている。

参考文献

Cavell, Stanley (1979) *The Claim of Reason: Wittgenstein, Skepticism, Morality, and Tragedy* (Oxford: Oxford University Press).

Cavell, Stanley (1994) *A Pitch of Philosophy: Autobiographical Exercises* (Cambridge, MA: Harvard University Press).

Cavell, Stanley (2005) *Philosophy the Day After Tomorrow* (Cambridge, MA: The Belknap Press of Harvard University Press).

Cavell, Stanley (2010) *Little Did I Know: Excerpts from Memory* (Cambridge, MA: The Belknap Press of Harvard University Press).

Cavell, Stanley and Standish, Paul. (2012) "Stanley Cavell in Conversation with Paul Standish." *Journal of Philosophy of Education*, Vol. 46, No. 2: 155-176.

Cavell, Stanley (Forthcoming) "Walden in Tokyo," Paul Standish and Naoko Saito (eds) *Walden in Tokyo: Stanley Cavell and the Thought of Other Cultures*, Special Issue, *The Journal of Philosophy of Education*, Vol. 58 No. 6.

カベル、スタンリー（2005）『センス・オブ・ウォールデン』齋藤直子訳、法政大学出版局

チャクラバルティ、ディペシュ（2024）『一つの惑星、多数の世界——気候がもたらす視差をめぐって』篠原雅武訳、人文書院

Emerson, R. Waldo. (1990) *Ralph Waldo Emerson*. Richard Poirier (Ed.) (Oxford: Oxford University Press).

ガブリエル、マルクス（2024）『倫理資本主義の時代』土方奈美訳、斎藤幸平監修、ハヤカワ新書

中島隆博（2024）「世界哲学と人間の再定義」地球システム・倫理学会研究例会（麗澤大学新宿キャンパス、二〇二四年六月一五日）

納富信留（2024）『世界哲学のすすめ』筑摩書房

Saito, Naoko (2024) "Citizenship wirhout Inclusion: Religious Democracy after Dewey, Emerson and Thoreau," *Journal of Speculative Phylosophy*, Vol. 18, No. 3:203-215.

Saito, Naoko (2019) *American Philosophy in Translation* (London: Rowman&Littlefield).

齋藤直子（2009）『〈内なる光〉と教育——プラグマティズムの再構築』法政大学出版局

齋藤直子（2022）「翻訳としての哲学（Philosophy as Translation）」特集「世界哲学における翻訳の問題——翻訳とは誤読の温床か、それとも新しい思想の芽生えか」『未来哲学』第五号、九〇—一一九頁

シュリンク、ベルンハルト（2003）『朗読者』松永美穂訳、新潮文庫

Standish, Paul, et.al (2007) *The Therapy of Education: Philosophy, Happiness and Personal Growth* (Houndmills, Basingstok, Hampshire: Palgrave Macmillan).

スタンディッシュ、ポール、斉藤直子（2005）「スタンリー・カベルと『ウォールデン』の世界——日本の読者への誘い」、カベル著『センス・オブ・ウォールデン』所収、法政大学出版局、二一三—二四〇頁

Standish, Paul and Saito, Naoko (2012) "Introduction," in *Stanley Cavell and the Education of Grownups*, Naoko Saito and Paul Standish (eds) (New York: Fordham University Press).

Standish, Paul and Saito, Naoko. (2017) "Introduction," in *Stanley Cavell and Philosophy as Translation: "The Truth is Translated"* Paul Standish and Naoko Saito (eds) (London: Rowman & Littlefield): 1-9.

Taylor, Charles (1992) *Multiculturalism and the Politics of Recognition: An Essay* (Princeton: Princeton University Press).

Thoreau, H. D. (1992) *Walden and Resistance to Civil Government*. Willliam Rossi (ed) (New York: W. W. Norton & Company).

アラビア語において「存在」を語ること

小村優太

はじめに

アラビア哲学のなかでも、アヴィセンナは存在論にたいする貢献で有名である。彼は後の哲学史からは、存在と本質のあいだを区分した者と見なされており、また「存在偶有説」という立場によって批判されてもいる。しかしアラビア哲学がその当初から存在にかんする議論を綿密におこなっていたわけではない。むしろ、アラビア哲学がギリシア哲学を母体としている以上、ギリシア語からアラビア語への翻訳という問題が重くのしかかり、そしてギリシア哲学の存在論がεἶναιという語を中心に組み立てられている以上、そこからアラビア語への翻訳、そしてギャップというのは、両者を大きく隔てる間隙として立ち塞がったのである。

コーランにおいて神は「在れ」（kun）と言い、すると世界は「在る」（fa-yakūnu）（コーラン36:81）。神の命令は即ち事実である。しかしアラビア語の存在動詞kānaは、哲学において「存在」を指す語としてはそれほど発展しなかった。またイスラーム神学でも存在を指すのは、伝統的に「šayʾ」（もの）、「dhāt」（本質）、「nafs」（自己）などであった。すなわち、アラビア語では伝統的に、存在動詞に相当する動詞（この場合はkāna）をさまざまに活用し、展開することによって語られる存在論というものが存在していなかった。本稿は最初のアラビア哲学者とされるキンディーから、アラビア哲学者の大成者とされるアヴィセンナまでの二〇〇年ほどにわたる、アラビア哲学において「存在」をどのように語るかという苦闘を概観する試みである。

キンディー・サークルとAnniyya

アラビア哲学が明確にギリシア哲学の翻訳として形成されていったのは九世紀なかば、アッバース朝宮廷の周辺においてであった。そこにおけるふたつの大きな潮流は、キンディー（八〇〇頃―八七〇以降歿）を中心とした、俗に言う「キンディー・サークル」と、フナイン・イブン・イスハーク（八〇八―八七三）とイスハーク・イブン・フナイン（八三〇頃―九一〇／九一一頃）親子を中心とした、キリスト教系の翻訳者グループであった。キンディーのサークルでは『アリストテレスの神学』（プロティノス『エンネアデス』IV-VIの翻案）や『純粋善について』（プロクロス『神学綱要』の翻案。後に『原因論』としてラテン語訳）などのアリストテレス偽書が生み出された。これらの翻訳作品において存在の翻訳として登場するのがanniyaという語である。存在の訳語としてのanniyaの初出である『アリストテレスの神学』において、この語はτὸ ὄν, τὰ ὄντα, ὤν, εἶναιの訳語として使用されており、『純粋善』においても状況は似たようである[1]。すると、anniyaという語のルーツとしてはふたつを考えることができる。ひとつは、アラビア語の小辞anna/inna（〜なこと）を抽象名詞化したものだという考え方。アラビア語のanna/innaは英語におけるthat節などを作る小辞であり、これが「在ること」の訳語として使用されるというになったという[2]。もうひとつは、anniyaがギリシア語εἶναιの音写だという説である。Badawīはanniyaがもともとāniyaと読むべきであると主張し、その理由としてanniyaよりāniyaがギリシア語εἶναιに近いからであると言う。しかしこの説は、アラブ人たちがギリシア語を翻訳し始めるよりもずいぶん前に、εἶναιは「īnē」と発音されるようになっていた事実によって否定される[3]。また、anniyaが使用されている初期の翻訳を精査すると、ὅ ἐστιν（『形而上学』1021a28）、τόδε τι（『魂について』410a14）、τὸ τί ἐστιν（『魂について』402a17）の訳語としてもanniyaは使用されており、単純にεἶναιの訳語であると判断することはできない[4]。これにかんしてリチャード・フランク（Frank）は、ギリシア語とアラビア語の翻訳の媒介としてのシリア語に注目し、ギリシア語で存在を意味するさまざまな語がanniyaというアラビア語に収斂してゆくさいの中間段階としてシリア語の多様な翻訳を検討する[5]。フランク自身が認めているように、この試みはシリア語資料の乏しさのため暫定的なものに過ぎない。しかし昨今のシリア語研究の進展に鑑みれば、この分野に更なる光がいつの日か差し込むことを期待することができるだろう。

『アリストテレスの神学』や『純粋善』の翻訳を主導したキンディーは、自身も哲学者であり、さまざまな哲学書を執筆している。キンディーの主著とされる『第一哲学について』はその本文のうち第一部しか現存していないが、現存する彼の著作のなかでもっとも浩瀚な作品である。そこにおいて彼はやはり存在について **anniyya** を使用している。しかし一方で、おそらくキンディー・サークルでしか流行していなかったと思われる、奇妙な語句も使用している。

我々が先に述べたことに、事物はそれ自体／本質（ḏāt）[6]の生成（kawn）の原因であることが可能か、それが可能でないかという探究が続くだろう。そこで我々は言う、事物がそれ自体／本質の生成の原因であることは不可能である。私が「それ自体／本質の生成」と言うのは、それが何らかの事物、またはいかなるものからでもなしに、在るようになるという意味である——別の文脈において「生成（kawn）」は、特定の何ものかによって生成したもの（kā'in min šay' ḫāṣṣa）について言われ得る——なぜなら、それが存在（ays）でその本質（ḏāt）が非存在（lays）であるか、それが非存在で、その本質が存在であるか、それが非存在で、その本質が非存在であるか、それが存在で、その本質が存在であるかのいずれかでなければならないのだから[7]。

この文章でキンディーが存在を指すために使用しているのは **ays** という語である。これと対応する、非存在を指す **lays** は、アラビア語の否定辞に基づいており、キンディーは存在と非存在を対照するときには、**ays, lays** という語のセットを使用する[8]。他にも男性代名詞「彼／それ」を意味する **huwa** を抽象化した **huwiyya** という語も、同じく存在を意味する語としてキンディーは使用している[9]。また興味深いのは、一般的に存在を表すために **anniyya** を使用しているキンディーが、後に存在を指す語として使われ始める **wuǧūd** を使用している箇所もあるということである。

我々は、原因（ʻilla）によらずして探究されている真理を見出す（naǧidu）ことはない。そしてあらゆる事物（šay'）の存在／発見（wuǧūd）とその存立（iṯbāt）の原因は、真理である。なぜなら、存在（anniyya）をもつすべてのものは、真理（ḥaqīqa）をもつのだから。よって、真理（al-ḥaqq）は存在する／見出される（mawǧūd）ことが必然である。よって、さまざまな存在者（anniyyāt）は存在をもつ／見出される（mawǧūda）

のである。[10]

『第一哲学について』の冒頭におけるこの文章は、一見すると奇妙である。彼はこの箇所で wuǧūd やそこから派生した mawǧūd を存在／存在者の意味で使用しているように思われる。[11] しかし、冒頭の動詞「我々が見出す（naǧidu）」は明らかに、「存在する」でなく「見出す」の意味で使われている。この動詞 w-ǧ-d はファーラービー以降になると、主に「存在」の意味で使われるようになるのだが、キンディーの時代はそこまで明確でなく、『第一哲学について』において、見出されるという意味で使用される箇所もある。[12] そのため、この箇所についても、もしかしたら wuǧūd/mawǧūd を「発見、見出される」という意味で読むこともできるかもしれない。

キンディーと初期イスラーム神学の問題意識

以上で見てきたように、キンディーにおいて存在を指す語は anniya, huwiyya, ays, (wuǧūd/mawǧūd) と多様であり、いまだ専門用語として厳密に確立されていなかったと言うことができるだろう。さらに言えば、キンディーにおいて学問としての「存在論」はそれほど前面に押し出されてきていない。キンディーにとって重要なのは、むしろ「一」である。『第一哲学について』の現存する第一部の最終である第四学科は、神が一であることを論ずる箇所である。キンディーにとって重要なのは、神（＝真の一なるもの al-wāḥid bi-l-ḥaqīqa）がいかなる述定によっても述べられないことを示すことである。それによって彼は、ある種の否定神学を遂行しているようにも思われる。しかし同時に、キンディーにとっての一なるものは、「それ自体／本質によって一である」（huwa bi-ḏāt-hi wāḥid）[13] とも言明されるべきものである。そのため、キンディーにとって重要なのは ontology ではなく、henology であると言うこともできるだろう。

九世紀のアッバース朝宮廷において神の一性を重視したのはキンディーだけではなかった。むしろ当時、神の一性の徒と言えば、九世紀初頭から半ばまで宮廷で猛威を振るったムウタズィラ派神学者たちであろう。実際に、同時期に活動したキンディーとムウタズィラ派との関係については多くの研究が存在する。[14] 彼らのあいだの関係がいかなるものであろうとも、キンディーにしろムウタズィラ派にしろ、神が一であることをきわめて重視したという点には疑問の余地がないだろう。また初期の神学者たちにとって、

「存在」が大きな探究の主題にならなかったということも、キンディーと類似の状況として指摘することができるだろう。

イスラームの神学が最初に勃興したのは、神と人間の力（qadar）にかんする問題、すなわち行為者としての人間の責任にかんする問題の周辺であった。最初の神学運動とされるカダル派も、この「人間の自由意志」にまつわる問題のために生じ、そして失墜した。[15] そして神の一性の問題と同じくムウタズィラ派が重視し、アッバース朝宮廷における異端審問ミフナの中心問題であったのが、コーランの被造物性である。これは、神の属性である「神の語り（＝コーラン）」の永遠性を巡る問題であると敷衍することができる。すなわち、ムウタズィラ派によれば、神の属性である「語り＝コーラン」に永遠性を認めるならば、永遠（qadīm）という属性をもつものが複数存在することになり、神の一性を毀損してしまう。そのため、コーランは永遠という属性をもつことができない。よって、被造物でなければならない。このように、神学者たちの議論は神の存在というよりも、神の属性を巡っておこなわれるのが一般的であった。そして代表的な神の属性のなかには、「知っている ʿālim」「力がある qādir」、「生きている ḥayy」などがあるとはいえ、「存在する」という属性はない。むしろ神の永遠の存在を意味する「永遠」（qadīm）が重要であった。

ギリシア語とアラビア語の言語的ギャップ

キンディーの時代において存在を意味するために使用された語を見てみると、それらはいずれもギリシア語のεἶναι（〜在る）という動詞のような、コピュラとしてのはたらきをもつものではなかった。これはセム語であるアラビア語と、印欧語であるギリシア語とのあいだの文法構造の違いに起因する事態であるが、最初のうちはそこまで問題にならなかった。とりあえずギリシア語のテクストにおいて「存在」を指す語を、アラビア語で何とか表現することができたのならば、その時点では及第点と言って申し分なかった。しかし次第に、ギリシア語とアラビア語との言語としての違いに目を向ける者が現れてくる。キンディーの弟子であるアフマド・イブン・タイイブ・サラフスィー（八九九歿）が、言語としてのギリシア語とアラビア語との違いに着目し、論理学（ギリシア語）と文法学（アラビア語）の優位性について論じた最初の者であった。[16] その後、九三二年にはシリア系キリスト教徒のアブー・ビシュル・マッター（八七〇頃―九四〇）と、アラビア語文法学者アブー・サイード・スィーラーフィー（八九三／四―九七九）とのあいだで、まさにアリストテレス論理学とアラビア語文法学の優劣をめぐる論争が行われた[17]。アリストテレス論理学は自然言語を超えた普遍的な文法を提示していると主張するアブー・ビシュルにたいして、スィーラーフィーは、アリストテレス論理学は普遍的でもなんでもなく、たんにギリシア語文法学に過ぎない、そして論理学が文法学に過ぎないのであれば、アラブ人は外国の文法学でなくアラビア語文法学を学ぶべきだと主張する。

このように、九世紀後半から一〇世紀初頭にかけて、哲学者たちのあいだでは、ギリシア語という自然言語で営まれた哲学という営為を、どうにかしてアラビア語という自然言語で表現しようという試みがなされ、そして両者のあいだに存在する言語的ギャップが徐々に認識されるようになってきた。またキンディーの時代には部分的であったアリストテレス論理学著作のアラビア語訳も、一〇世紀には翻訳が出揃ってきた。とりわけ影響力のあったのが、アブー・ビシュル・マッターによる『分析論後書』のアラビア語訳であろう。そして、このような状況のなかで、アラビア語におけるコピュラの不在という問題に向き合ったのが哲学者ファーラービー（八七〇頃―九五〇）であった。

コピュラとしてのmawǧūd

もともとアラビア語において「在る」を指すのは **kāna** という動詞であり、コーランにおいても神の「在れ（**kun**）」という命令などで登場している。しかし一般的に、アラビア語の文において単純で無時間的な命題は、主語と述語を直接結ぶという形式を採る。たとえば、「ザイドは公正である」（Zayd ʻādil）のように。しかしファーラービーは、アラビア語のコピュラを表さないという言語形式は学問を取り扱うには不十分であると考え、ギリシア語のコピュラ **ἐστι(ν)** に相当するものをアラビア語のうちに何とかして見つけだそうと欲する。そこで彼は『文字の書』[18]の **mawǧūd** という項のなかで以下のように論ずる。

> アラビア語においては、言語が初めて定められたとき以来、ペルシア語における「ハスト」の位置に、ギリシア語における「エスティン」の位置に、他の諸言語におけるこれらふたつの語と類似したものの位置にあるものを定めていない。これは思弁的諸学問や、論理学の技術において必然的に必要とされる。哲学がアラブ人に伝わり、アラビア語を話す哲学者たちが必要としたとき、彼

> らはアラブ人の言語のうちに、言語が初めて定められたとき以来見出さなかったが、アラブ人の言葉による哲学や論理学における諸意味から彼らの表現を作り、彼らはそれを、ギリシア語において「エスティン」が、ペルシア語で「ハスト」が使用された場所に転用し、彼らはそれを、他の諸民族がそれを使用している場所におけるこれらの言表の位置に立つものとした。よって彼らのある者は、ペルシア語の「ハスト」やギリシア語の「エスティン」の代替として「フワ」という言表を使用すると考えている。というのもこの言表はアラビア語において、たとえば彼らの言葉「彼は活動する」(huwa yafʻalu) や「彼は活動した」(huwa faʻala) という意味で使用され得るのだから。またしばしば彼らはアラビア語において「フワ」を、他の言語の徒が前述の言表を使用するいくつかの場所において使用する。それはたとえば、我々の言葉「これはザイドである」(hādhā huwa zayd) のようである。[19] (傍点引用者)

ファーラービーにとって、命題を述べるさいにコピュラとして使用される語がアラビア語にないという事実は、アラビア語が思弁的学問や論理学にとって不適格であるということを意味していた。そのため彼は、コピュラの代替となる語を探し求める。まず見出したのが男性代名詞のhuwaである。この形式を採用する場合、「AはBである」と言うときに、「A huwa B」という形をとることになる。そしてもうひとつの候補として登場するのがwuǧūd/mawǧūdという語である。

> 他の者たちの考えは、それらの言表の場所に「フワ」の代わりに、「マウジュード」を使用するというものである。これは派生的な言表であり、屈折をもつ。彼らは「それ性」(huwiyya) の代わりに「ウジュード」(al-wuǧūd) とした。そして彼らはそれらから生成した動詞を、「〜あった」(kāna)、「〜ある」(yakūnu)、「〜あるだろう」(sa-yakūnu) の場所に、その述語が名詞である命題における存在動詞やコピュラ (rawābiṭ) として使用した。彼らは「マウジュード」をふたつの場所で使用した。(1)あらゆるものどもを指し示すさいに。(2)命題のうちに時間が述べられないことが意図されている限りで、主語に述語名詞を結び付けるさいに。これらふたつの場所は、ペルシア語の「ハスト」、ギリシア語の「エスティン」があるところである。そして彼らは、ペルシア語で「ハスティー」が使われるとこで、アラビア語では「ウジュード」を使用した。そして「〜あった」、「〜

ある」、「〜あるだろう」の場所で、彼らは「存在した」(wuǧida)、「存在する」(yūǧadu)、「存在するだろう」(sa-yūǧadu) を使用した。[20]

すでに述べたように、動詞 w-ǧ-d はもともと「見出す」という意味であり、本来は「存在する」という意味をもたない。ファーラービーも w-ǧ-d の例文として「私は迷える者を見出した」(waǧadtu al-ḍālla)、「私はザイドが寛大であることを見出した」(waǧadtu Zaydan karīman) などを挙げている。しかし動詞 w-ǧ-d には、目的語をふたつ取ることができるという利点がある。そのために「ザイドは寛大である」という文にも、「ザイドは存在する」という文にも、mawǧūd をコピュラとして使用することが可能である。しかし一方で、huwa は「ザイドは寛大である」という文のコピュラに使用することはできても、「ザイドは存在する」という文には使用することができない。[21] さらに、コピュラとしての huwa は等号や同一性の含意をもつが、必ずしも命題がすべて等号や同一性で結ばれるわけではないということも、mawǧūd の方が好まれた理由として挙げられるだろう。[22] また、神学の分野においても「存在」という意味での mawǧūd という語は、バスラ学派のアブー・アリー・ジュッバーイー(九一五頃歿)によってはじめて使用されたことが指摘されている。[23] すなわち、キンディーによるわずかな mawǧūd の使用を除けば、九世紀半ばまでは存在を指す語として anniyya が優勢であり、その後、アリストテレス翻訳に由来するのか、ジュッバーイーに由来するのかは分からないが、九世紀後半から mawǧūd の使用が徐々に増えていったことが分かる。

ファーラービーにおける存在者とものの違い

もうひとつ、「存在」と同じく広範囲な対象を表す語である「もの」(šay') について、[24] ファーラービーは『文字の書』において以下のように述べている。

> というのも存在者 (mawǧūd) は、魂の外側に何であるか性をもつものについてだけ言われるのであり、概念化された何であるか性のみをもつものについては言われないのだから。この点において、「もの」(šay') は存在者よりも一般的である。そして存在者は真正な命題について言われるが、「もの」はそれについて言われない。というのも我々は[ある命題が]真正であると意味するときに、「この命題はものである」(hāḏā al-qaḍiyya šay')

と言わないのだから、むしろそれが何らかの何であるか性をもつことを意味するときにのみ「そのように言うのだ」。また我々は「ザイドは公正である／公正な存在者である」（Zayd mawǧūd ʻādilan）と言うが、「ザイドは公正なものである」（Zayd šayʼ ʻādilan）と言わない。また彼について、「彼は存在する／存在者である」（inna-hu mawǧūd）と言わずに、「彼はものである」（inna-hu šayʼ）と言うのは不合理である。[25]

ファーラービーによれば、存在者とものというふたつの概念は、重なり合うところも多いが、相互交換的に使用できるものではない。彼によれば、存在者というのは魂の外側に何であるか性をもつもの、すなわち外界において何らかの本質をもつものにだけ使用できる語であり、頭のなかの概念としてしか存在しないものに適用することができない。この点において、ものの方がより外延を広くもつことができる。しかし一方で、存在者とは真正さともかかわる概念であるため、ある命題が存在するとは言えるが、これを「もの」に置き換えても非文が出来上がる。そして当然ながら、存在者（mawǧūd）はコピュラや存在動詞としても使用できるが、もの（šayʼ）はそのような使い方をすることができない。

アヴィセンナ『治癒の書』「形而上学」I.5における存在論

キンディーやファーラービー、そしてイスラーム神学者たちによる存在をめぐる議論を引き継ぎ、それらを統合したのが一一世紀に東方イスラーム地域で活躍したアヴィセンナ（九八〇—一〇三七）である。彼の『治癒の書』「形而上学」は、彼の中期の代表作であり、ラテン世界においては主著として大きな影響力をもった。その第1巻は主に学問論や基本概念について述べた箇所であり、第5章は「存在者」と「もの」についての解説をおこなっている。「馬性の格率」に代表される普遍概念を取り扱ったV.1と並んで、もっとも参照される箇所である。[26]まずは『治癒の書』「形而上学」I.5の内容を、Marmuraによるセクション分けに従って概略することにしよう。[27]

(1)—(4)「存在者（mawǧūd）」「もの（šayʼ）」「必然者（al-ḍarūrī）」は、魂に最初に刻印される第一原理である。承認（taṣdīq）や把握（taṣawwur）にも第一原理はあり、それらは「よりよく知られているもの」によってもたらされず、名前や印によって注意喚起される。

(5)「存在者」「もの」「一（al-wāḥid）」は自体的に把握

されるあらゆるものに一般的な概念であり、循環論法以外によっては知られず、証明不可能である。「能動と受動は存在者の本質である」は定義でない。

(6)―(7)「もの」も定義不可能である。「それについて叙述可能なもの」は定義であり得ない（ジュッバーイーの意見[28]）。amr, mā, alladhī のような「もの」の同義語を使った定義は循環論法である。

(8)「存在者」と「もの」は別の概念である。「存在者」の同義語に「存立者」（al-muṯbat）と「現存者」（al-muḥaṣṣal）がある。

(9)―(10)「もの」は「特殊存在」（al-wuǧūd al-ḫāṣṣ）と呼ばれる本質をもち、これは外界の実在を意味しない。また「もの」は「何であるか性」（māhiyya）という特殊本質をもつが、これも外界の実在ではない。

(11)「もの」と本質は同義語である。ものは必ず個物か頭のなかに存在するため、ものと存在は不可分である。

(12)「ものとは、それについて叙述可能なものである」は定義でないが、記述としては正しい。「ものは不在者である」は、ここで言う不在者（maʻdūm）が外界についての場合のみ正しい。ものは必ず頭のなかに存在する。

(13)端的な不在者への叙述は不可能。

(14)―(15)不在者の属性は存在するという意見も、存在しないという意見も誤りである。

(16)不在者を知っているというのは、その意味が頭の中だけに存在しているということである。

(17)不在者は「もの性」をもたないとする者たちへの批判。

(18)叙述は基本的に頭のなかの概念についてであり、外界のものについては副次的である。

(19)「もの」と「存在者」は不即不離である。

(20)―「現存者は現存しているが存在していない」などのムウタズィラ派の状態論者への批判。

(21)存在者やそれに附随するものを取り扱うひとつの学問がある。

(22)―(24)「必然者」、「可能者」、「不可能者」も循環論法以外で証明できないが、そのなかで第一に知られるのは必然者である。

(25)―(26)不在者の復活の否定。

アヴィセンナによる存在者ともの

上の概略からも分かるように、アヴィセンナはそれ以前のイスラーム地域で行われていた議論を積極的に吸収し、批判的に発展させている。たとえば、先行するムウタズィラ派やアシュアリー派の議論を受け継ぎ、それらを自らの哲学的議論に取り入れているというのも彼の大きな特徴であると言える。これは、ムウタズィラ派と同時代にアッバース朝宮廷で活動したキンディーや、バグダードのキリスト教論理学者たちと共に活動したファーラービーにはあまり見られない態度でもあった。

アヴィセンナは『治癒の書』「形而上学」I.5の冒頭において、魂のうちに最初に刻印される第一原理として、「存在者」「もの」「必然者」の三つを挙げる。「必然者」が「可能者」「不可能者」との関連において、(22)—(26)で取り扱われることを除けば、この章は実質的に「存在者」と「もの」について述べた章であると言ってもよい。アヴィセンナにとって重要なのは、あらゆる知識はそれよりもよく知られているものによって知られるという、アリストテレス『分析論後書』のテーゼである。しかし、彼によれば存在者とものののふたつについては、それよりもよく知られているものが存在せず、すなわち存在者とものを定義することは不可能ということになる。存在者もものも、定義され、知性的に知られるのではなく、注意喚起（munabbih）によって知られる。

ここに至って、イスラーム神学とアラビア哲学におけるきわめて重要な問題を定式化することが可能になる。すなわち、存在者とものの外延と内包は同じなのか、異なるのかという問題である。この問題について、ロバート・ウィスノフスキー（Wisnovsky）は以下のように図式化している。[29]

アヴィセンナにとって、存在者はかならず外界か頭のなかに存在する。そしてものとは、それについて叙述が可能なものである。このふたつの描写（存在者もものも定義は不可能である）にもとづけば、存在者もものも、可能なかぎり広い対象をカバーすることのできる一般概念である。そのため、アヴィセンナにとってものと存在者は外延的に同一であるとされる。た

横位置・図版扱い

(1)	ものと存在者は外延的にも内包的にも相互排他的。（この時代には提唱者なし）
(2)	ものは外延的に存在者に含まれるが、内包的にはそうでない。（この時代には提唱者なし）
(3a)	存在者は外延的にものに含まれるが、内包的にはそうでない。（大半のムウタズィラ派）
(3b)	存在者は外延的にものに含まれるが（ただし mawǧūd はコピュラになるが šay’ はそうでない）、内包的にはそうでない。（ファーラービー）
(4a)	ものと存在者は外延的にも内包的にも同一。（アシュアリー派とマートゥリーディー派）
(4b)	ものと存在者は外延的に同一であるが、内包的にはそうでない。（アヴィセンナ）

だし、アモス・ベルトラッチ（Bertolacci）によれば、この外延の同一性は通常の存在者については当てはまるが、神については破綻するという。彼によれば、アヴィセンナの哲学において神は存在者であるが、ものとは言えない。そのため、ウィスノフスキーの図式には留保が必要である(30)。また両者の内包については、ある対象Aについて、それを存在者と呼ぶとき、その対象Aの存在に注視しているのであり、それをものと呼ぶときは、それについての叙述可能性、その内実に注視しているという点で「存在者」と「もの」は異なるものとされ、それが後世にアヴィセンナによる「存在者」と「本質」の区別という、また別のきわめて大きな問題へと発展してゆくが、紙幅の関係上ここではこれ以上深入りすることができない。

おわりに

以上駆け足になってしまったが、キンディーからアヴィセンナに至るまで、古典期アラビア哲学において、ギリシア語からの翻訳を通じて彼らが独自の哲学を発展させるなか、「存在」というものを彼らがアラビア語においてどのように語ろうとしたか概観することができた。すでにお気づきのように、アラビア語における一般的な存在動詞は **kāna** であるが、これはアラビア哲学において存在を指す語としてほとんど使用されていない（むしろ生成を指す語として使用されている）。ギリシア語に限らず、ヨーロッパ語の哲学が存在について語るとき、それらが大抵の場合は存在動詞（εἶναι, esse, be, être, Sein）をもとにして展開していることを考えると、アラビア語が **anniyya** や **wuǧūd/mawǧūd** といった概念をどうにかして発明しなければならなかったという事実は大きな意味をもつだろう。そして本稿で取り扱った、一千年前のアラビア哲学者や翻訳者、さらには神学者たちの苦闘は、アラビア語に限らずヨーロッパ言語から遠く離れた日本語で思考する我々にとっても、大きな気づきを与えてくれるものであると考えられる。

注

（1）Frank, 185–187.
（2）Frank, 182.
（3）Frank, 183.
（4）Frank, 192.
（5）Frank, 193–199.
（6）アラビア語の ḏāt は哲学の文脈において「自己」と「本質」の両義をもつ。ただし、神学の文脈において ḏāt はむしろ存在を表すさまざまな語のひとつとされる。ここでは哲学の文脈であることに鑑みて、「自体／本質」と両義的に訳している。

(7) Al-Kindī, 123; 英訳 26.

(8) アラビア語の否定辞 laysa を名詞化した lays は、アラビア語が分かれば即座に理解できる。一方で ays は奇妙な語である。否定辞 laysa の冒頭 la を取り除く（別の否定辞 lā を連想させる）ことによって laysa の逆（つまり在る）で ays という推測ができる。ただし Adamson は、不定詞「to be」のはたらきをするシリア語の ʾīt からの借用語であるという可能性を指摘している（Adamson 2007, 218)。

(9) キンディーが使用している、さまざまな存在を指す語については、Adamson 2002 参照。

(10) Al-Kindī, 97, 英訳 10.

(11) 実際にこの箇所において Pormann と Adamson は、wuǧūd/mawǧūd を existence と訳している。

(12) たとえば al-Kindī, 106; 英訳 14 を見よ。

(13) al-Kindī, 162; 英訳 55.

(14) キンディーとムウタズィラ派の関係についての先行研究の概略については、Adamson, 2003 の冒頭を見よ。

(15) カダル派運動の概略については Judd, 2016 参照。

(16) Abed, 1991, xiv.

(17) アブー・ビシュル・マッターとアブー・サイード・スィーラーフィーの討論については、後世になって再現された記録が存在する。いわば「再現」「実録」なのだが、当時の雰囲気をよく伝えている（Margoliouth, 1905 参照）。

(18) ファーラービーのこの書物『文字の書』Kitāb al-Ḥurūf の一見すると奇妙な題名のため、この書物の内容について誤解を抱く人もいるかもしれない。『文字の書』の題名 ḥurūf (sg. ḥarf) は、文字という意味もあれば、小辞という意味もある。そして『文字の書』第一部はさまざまなアラビア語の小辞を分析しているが、これはアリストテレス『形而上学』Δ巻が下敷きになっている。またファーラービー自身、『形而上学の意図』において、アリストテレス『形而上学』を『文字の書』と呼んでいる（『形而上学』の各巻にはギリシア語アルファベットの名前が付けられている）。そのため、Kitāb al-Ḥurūf は『文字の書』とも『小辞の書』とも『形而上学』とも訳され得る（Menn, 2021 参照）。

(19) al-Fārābī, 141; 英訳 140

(20) al-Fārābī, 143; 英訳 142

(21) Menn, 2008, 76.

(22) Abed, 1991, ch. 6, sec. 6 参照。また Abed は、アリストテレス『分析論前書』や『分析論後書』がコピュラの訳語として mawǧūd を主に選択していたこと、アリストテレス自身が命題の形式として、「S は P である」という形式を使わず、ほぼつねに「S は P に属する」といった形式を使用していたことなどを、huwa のような等式や同一性を含意する小辞よりも mawǧūd が好まれた理由として挙げている。

(23) Frank, 1999, 165.

(24) Frank によれば、初期神学において、「もの」(šayʾ) は ḏāt, nafs, ʿayn と並んで、もっとも普遍的な対象を指し示す語とされていた (Frank, 1999, 164)。

(25) al-Fārābī, 177; 英訳 176.

(26) 『治癒の書』「形而上学」I.5 については無数の研究がなされているが、ここでは二本のみ挙げる。Wisnovsky, 2003 のとりわけ第 7〜9 章と、Bertolacci, 2012 参照。

(27) Marmuraによるセクション分けは恣意的でもあり、校訂上の手続きを踏んでいるとも言えないが、ここでは簡便のために彼の区分けに従っている。

(28)「ジュッバーイーは言った：事物（šay'）と言うのは、すべての知られるもの、すべてのそれについて述べられること、叙述（al-aḫbār）が可能であるものへのしるしである。そして力強く偉大なる神は知られて、かれについて述べて、叙述ができるのだから、神は事物（šay'）でなければならない」(al-Aš'arī, 519)。

(29) Wisnovsky, 2003, 152–153.

(30) Bertolacci, 2012 参照。

参考文献

Abed, Shukri. *Aristotelian Logic and the Arabic Language in Alfārābī*, New York: SUNY, 1991.

Adamson, Peter. "Before Essence and Existence: al-Kindī's Conception of Being," Journal of the

History of Philosophy, vol. 40.3, 2002, 297–312.

——. "Al-Kindī and the Mu'tazila: Divine Attributes, Creation and Freedom," *Arabic Sciences and Philosophy*, vol. 13, 2003, 45–77.

——. *al-Kindī*, Oxford: Oxford University Press, 2007.

al-Aš'arī. *Kitāb Maqālāt al-Islāmiyyīn wa-Iḫtilāf al-Muṣallīn*, 2 vols, ed. Helmut Ritter, Istanbul, 1929–39.

Avicenna. *The Metaphysics of* the Healing, trans. Michael Marmura, Provo, Utah: Brigham Young University Press, 2005.

Bertolacci, Amos. "The Distinction of Essence and Existence in Avicenna's Metaphysics: the Text and its Context," in Islamic Philosophy, Science, Culture, and Religion: Studies in Honor of Dimitri Gutas, eds. Felicitas Opwis and David Peisman, Leiden, Boston: Brill, 2012, 257–288.

al-Fārābī. Alfarabi, Book of Letters *(Kitāb al-Ḥurūf)*, trans. Charles Butterworth, Berkeley, California: Zaytuna College, 2024.

Frank, Richard. "The Origin of the Arabic philosophical term شيء," *Les Cahiers de Byrsa*, vol. 6, 1956, 181–201.

——. "The Aš'arite Ontology: I Primary Entities," *Arabic Sciences and Philosophy*, vol. 9, 1999, 163–231.

Ibn Sīnā. *al-Šifā': al-Ilāhiyyāt*, vol. 1, eds. Georges Anawati, Sa'īd Zāyid, Cairo: al-Hay'a al-'āmma li-šu'ūn al-maṭābi' al-amīriyya, 1960.

Judd, Steven. "The Early Qadariyya," in *The Oxford Handbook of Islamic Theology*, ed. Sabine Schmidke, Oxford: Oxford University Press, 2016,44–54.

al-Kindī. *Rasā'il al-Kindī al-falsafiyya*, 2vols, Cairo: Dār al-Fikr al-'Arabī, 1950.

——. *The Philosophical Works of al-Kindī*, trans. Peter Adamson and Peter E. Pormann, Oxford: Oxford University Press, 2012.

Margoliouth, D. S. "The Discussion Between Abu Bishr Matta and Abu Sa'id Al-Sirafi on the Merits of Logic and Grammar," *The Journal of Royal Asiatic Society of Great Britain and Ireland*, 1905, 79–129.

Menn, Stephen. "Al-Fārābī's *Kitāb al-Ḥurūf* and his Analysis of the Senses of Being," *Arabic Sciences and Philosophy*, vol. 18, 2008, 59–97.

——. "al-Farabi's Metaphysis," *Stanford Encyclopedia of Philosophy*, 2021,

２０２４年７月30日最終閲覧。https://plato.stanford.edu/entries/al-farabi-metaphysics/

Wisnovsky, Robert. *Avicenna's Metaphysics in Context*, Ithaca: Cornell University Press, 2003.

対話の哲学へ

――東アジア仏教から考える

師　茂樹

はじめに

　インターネットが普及する以前、社会に向けて広く情報発信をすることができるのは、学者やマスコミなど、一部の者に限られていた。しかし、インターネットが普及すると、誰もが世界に向けて情報発信をすることができ、またそれを誰でも受け取ることができるようになった。ウェブは、誰もが自由に意見を述べ、情報を共有し、相互にコミュニケーションをとることができる理想的な議論の場になるものと夢想されていた。

　しかし、私たちが現在経験しているように、現実のインターネットにおいて実現したのは、人々が分断され、グループ間で攻撃しあう世界である。そのような世界を作り出した要因の一つは、Google や Facebook をはじめとする大手ＩＴ企業によるマーケティングだと考えられる。これらの企業は、ウェブやキャッシュレス決済を利用するユーザの行動を監視し、それに基づいてユーザの嗜好などを割り出し、個々のユーザにあわせた広告やコンテンツを提供する仕組みを作り上げたことで、大きな利益を得ている。その結果、現出したのは、イーライ・パリサーが「フィルターバブル」や「友好的世界症候群」と呼ぶ世界、すなわち「自分が好む人々、物、アイデアだけに囲まれた世界」である（イーライ・パリサー『フィルターバブル――インターネットが隠していること』井口耕二訳、早川書房、二〇一六年）。

　もっとも、人々が好ましいコンテンツ――たとえば自分の趣味に関する情報など――を視聴し、それによってそれぞれがグループに分かれる程度であれば、社会的に大きな害はないのかもしれない。しかし残念ながら、人々がネットで探す情報はそのようなものだけではない。ジェイミー・バートレットが言うように、「現代においては、人を問わず、誰もが虐げられたり、激高したり、あるいは抑圧されたり、脅かされたりしていると感じて当然の理由を山ほど抱え込んで」おり、その原因――私が幸せでないのはなぜだ？　それはあいつらが優遇されているからだ！――を探すためにウェブを用いている。そして、「怒りを覚えたときには自動的に――往々にしてアルゴリズムによって――同じような怒りを覚えている者が見つけられる」（『操られる民主主義――デジタル・テクノロジーはいかにして社会を破壊するか』秋山勝訳、草思社、二〇一八年）。その結果、自分と怒りを共有してくれる人々やコンテンツに囲まれるようになり、それによって怒りが強化され、怒りによる連帯が生まれ、自分とは異なる主張を持つ者に対する攻撃へとつながっていくのである。

このように、人々の分断や対立を強化し増幅するメカニズムがはたらく世界においては、議論や対話は難しくなっていく。自分とは異なる意見を受け入れ、思考し、自分の考えを改めたり妥協点を探ったりするよりも、自分の意見を曲げず、異なる意見を冷笑したり「論破」したりする者のほうが評価される。このような世界のなかで、どのように議論や対話を再起動させればよいのだろうか。

ふりかえれば、二〇世紀に入ってから今日に至るまで、異なる宗教間の対話（宗教間対話）が模索されてきた。宗教間の違いとネットが生み出す分断とを同列にすることはできないにせよ、これまでに積み重ねられてきた真摯な議論は大きな示唆を与えてくれる。たとえば、キリスト者として仏教をはじめとする異宗教との対話を進めてきた土居真俊は、さまざまな宗教が関わろうとしている「究極的なもの」は、宗教を超えて普遍的であったとしても、歴史的に制約された実存的存在である人間の受け取り方によって意味内容が変化する――つまり、宗教ごとに「究極的なもの」の現れ方が異なる、と考える。そして、宗教間対話を通じて対話をしている当事者たちの歴史的実存が変化することによって、「究極的なもの」の現れ方が変化し、「究極的なもの」の新しい意味を獲得することができるのではないか、と述べる（『親鸞とキリスト教』法蔵館、一九九〇年）。これは、異なる哲学的伝統が、自己の歴史的・地域的な特殊性を自覚しながら、普遍性を目指して他の哲学的伝統と対話や議論をすることを目指す「世界哲学」の試み（納富信留『世界哲学のすすめ』ちくま新書、二〇二四年）とも通じると思われる。

一方で土居は、宗教間に共通する普遍的な理論を見出すこと――たとえば、究極的な善とは何か、といったことを問うことよりも、目指す究極のゴールは違うとしても善き実践において一致し、共に実践することを優先すべきだ、という議論も紹介している。このような見解は、対話とは何を目的として行われるべきかという議論を活性化するのではないかと思われる。そもそも異なる宗教や文化を超えた「究極的なもの」が本当に存在するのか、存在したとしてそれが対話をするうえでどのようにかかわってくるのか……等々については、それぞれ議論すべき哲学的・宗教的課題として考えなければならない。しかし、仮にそのような「究極的なもの」が見つからないとしても、「善き実践」として対話を行うこともできるはずである。

いずれにせよ、対話とはどのような行為なのか、対話によって得られる共通理解や合意とはどのようなものであるべきか、異なる思想を持つ人々との議論はいかにあるべきか、といった「対話の哲学」とでも言うべき問題領域もまた、異なる哲学的伝統間の対話のなかで議論されるべきであろう。他の哲学的問題領域と同様、対話の哲学についてもヨーロッパの伝統のなかで考えられることが多かったかもしれないが、筆者は東アジア仏教の研究をしてきた者であるため、この対話を巡る対話の場にも東アジア仏教をよびこみたいと思う。

仏教は言葉を超えた真理を追究する宗教であるが、一方で仏教は、長い伝統のなかで思想的な多様性を維持し、言葉を用いた思想間対話を重ねてきた宗教でもある。異文化対話や宗教間対話においても、言葉を用いた対話が必要とされる。そうであるならば、現代においては、ブッダが獲得した言葉を超えた真理（勝義諦）についての智慧よりも、むしろ言葉で満たされたこの世界で必要な智慧、言わば世俗諦の智慧のほうが求められるのかもしれない（そもそも、仏教以外の思想・宗教との対話は、仏教教理的には世俗諦の領域でしか成立し得ない）。世俗諦的な智慧は、究極のゴールのための道程にすぎない、という扱いから、しばしば軽視されてきた面もあるが、対話の哲学のためにはむしろ世俗諦の智慧のほうが重要ではないかと思われる。

本稿では、仏教のなかでも特に東アジアのなかで発展した教相判釈と因明（仏教論理学）をとりあげたいと思う。教相判釈は、多様な思想が並存する状況のなかでそれをメタ的に思考し、普遍的な原理を見出そうとする、（あえて言えば啓蒙主義的な）思想である。因明は、仏教徒が非仏教徒を含む異なる思想を持つ人々と議論をするため、インドで発展した論理学・討論術が、東アジアに輸入され発展したものである。このうち特に後者は、世俗諦に属するものである。教相判釈や因明をそのまま現代社会の異文化対話や宗教間対話に用いることはできないとしても、これらを批判的に検討することを通じて、対話とはなにか、という問いを考えるためのヒントとなるのではないかと期待している。以下、いささか厳密さを欠く議論となるだろうが、「未来哲学」のための試論として、いささかの私見を述べたいと思う。

教相判釈の哲学的可能性

法華思想、華厳思想、中観哲学、唯識哲学、浄土思想……といった具合に、仏教（特に北伝仏教）のなかでは多様な思想・哲学が共存しており、論争のような対立的な議論も含めた広義の対話が長い年月をかけて行われてきた。釈尊が亡くなって後、三蔵をそのまま伝承しようとするグループもあったが（現在のタイやスリランカに伝わった南伝仏教はその系統である）、現在のパキスタンやアフガニスタンを経由して、中央アジア、中国、朝鮮半島、日本などで発展した北伝仏教では、新たに多くの「仏説」が創出され、それに基づいて教義が多様化する方向で進展した。インド仏教の主流派であり、北伝仏教を代表する部派の一つである説一切有部においては、六因・四縁・五果説や三世実有説など、それまで存在しなかった教義が考案されたが、それらを集大成したカーティヤーヤニープトラ（迦多衍尼子）の学説は、ブッダの教えの本質（法性）に適合しているという理由で、後継者たちによって「仏説」とされた（アビダルマ仏説論）。その結果、現存する経典に見られない理論であったとしても、①「法性」にかなうのであれば「仏説」と見なすことができ、②それは隠没した経典の中に説かれていたかも知れず、③自分の立てる「法性」と矛盾した仏説があっても未了義であると主張することができるという、「極端に言えば、任意の説を仏説とすることができる」ような枠組みができてしまったのである（本庄良文「阿毘達磨仏説論と大乗仏説論——法性、隠没経、密意」『印度学仏教学研究』三八—一、一九八九年）。

これ以外にも（北伝）仏教の思想の多様化を後押ししたものとして、アショーカ王（前三〇四—二三二）の時代に、破僧（教団分裂）の規定が変化したことが指摘されている。佐々木閑によれば、異説を唱えて独自グループを作った場合は教団（サンガ）を分裂させたとみなすという破僧の定義が、この時代に〝一つのサンガのなかで別々に行事を行えば教団（サンガ）を分裂させたとみなす〟という定義へと変化したという（『インド仏教変異論——なぜ仏教は多様化したのか』大蔵出版、二〇〇〇年）。つまり、仏教教団内で多様な思想が併存することは、教団運営上、大きな問題とならなくなったのである。

大乗仏教において様々な思想が創案されたのも、このように部派仏教において思想的多様性が容認されたことの延長線上にある。現在、東アジアに見られる多種多様な宗派、学派の存在もまた、部派仏教から続く北伝仏教の伝統を受け継いでいるものと言える。

このように多様な「仏説」や思想、理論が共存する環境のなかで発明され、発展したのが教相判釈である。インドにおいても『解深密経』の三転法輪説など、教相判釈は存在したが、これを大きく発展させたのは東アジア仏教である。インドからもたらされた多種多様な内容を持つ仏典が、漢訳を通じて東アジアに紹介され、学ばれていくなかで、東アジアの学僧たちは、多様な仏説のどれがブッダの真意にかなった説なのか、多様な仏説がなぜ説かれることになったのかを議論するようになった。そして、自らの哲学的、思想的な考え方に立脚して仏典を分類し、序列化、体系化し、仏典群のなかに普遍的な原理を見出そうと試みたのである。そのなかには、天台教学の五時八教判のように、複数の基準を組み合わせることで複雑な体系化を試みた例もある。さらには、学僧どうしがお互いの教相判釈を批判しあい、個々の学説の正当性について議論する「メタ教相判釈」とでもいうべき議論も見られる。教相判釈には様々な側面があるが、多様な思想を比較し、普遍的な原理を見出すことは、教相判釈の大きな特徴である（師茂樹「比較思想としての天長六本宗書――『秘密曼荼羅十住心論』を中心に」『比較思想研究』五〇、二〇二四年）。

京都学派の哲学者の一人、高山岩男（一九〇五―九三）は、その著作「理性・精神・実存」（一九六七）のなかで、ヨーロッパ近現代哲学史や古代ギリシア哲学史、そして初期仏教から日本の「鎌倉新仏教」に至る仏教思想史を概観したうえで、哲学史・思想史・宗教史のなかに理性→精神→実存という展開が繰り返し見出されると論じた。そして高山は、そのようなものを見出す研究を「哲学の哲学」とよび、その例として教相判釈やヘーゲルの論理学などをあげた。

> 教判はもともと哲学的なる仏教の中でも最も哲学的なる思想であり、言わば「哲学の哲学」を樹立する理念である。西洋哲学に於てはヘーゲルの論理学がこの教判に相応する理念に立つものである。
>
> （高山岩男著作集第五巻『理性・精神・実存』玉川大学出版部、二〇〇九年、一〇一頁）

高山が見出した「理性→精神→実存」の妥当性については、批判的に検討する必要がある。また、過去の学僧たちが主張した教相判釈を、現代の仏教界にそのまま適用することも難しい（たとえば、多くの教相判釈では阿含経や部派仏教を「小乗」として低く位置づけているが、それをそのまま現代のテーラワーダ仏教などに当てはめるのは問題がある）。しかしながら、多様な思想のあいだに普遍性を見出そうとする哲学的営為として教相判釈を捉え直し、仏教以外の諸宗教、諸思想をも対象とした「新たな教相判釈」として再生させることはできるかもしれない。

その際に留意すべきは、いかなる態度で「新たな教相判釈」を行うかである。そのためには、宗教間対話における排他主義、包括主義、多元主義という類型を参照することが有益ではないかと思われる（小原克博「宗教多元主義モデルに対する批判的考察――『排他主義』と『包括主義』の再考」『基督教研究』六九―二、二〇〇七）。

排他主義は、真理・救済は一つしかなく、自身の宗教以外ではそこに至ることができないとする考え方である。数は多くないが、仏教のなかにも排他主義的なグループは存在する。諸宗教の多様性を否定しようとする排他主義は、近年は批判的に言及されることが多いが、知的・倫理的な無責任にもつながりかねない〝悪しき相対主義〟を牽制するという意味では一定の意義を有していると言えるかもしれない。

包括主義においては、他の宗教にも真理や救済に至る契機や方法を認めつつも、自身の宗教こそが完全なものであり、他の宗教を含めた宗教全体を包括するような存在であると考える。自身の思想的立場によって多様な仏説全体を説明しようとする教相判釈は、多くが包括主義的である。自分の立場こそが完全なものであると考える包括主義は、自己中心主義に陥る危険性があり、他の立場の人々との対話を阻害する可能性も考えられる。しかし私たちは、そんなに簡単には他の人々や他宗教の立場に立つことはできない。様々な思想や宗教を自分（私）というものから脱して公平にものを見ることができるというのはブッダの境地（平等性智）であって、自我意識に限定されざるを得ない凡夫の我々にもそれができると思うのは増上慢であろう。その意味では包括主義こそが、凡夫の我々が宗教間対話、異文化理解などを行ううえでの出発点となる。

最後の多元主義は、最終的にたどりつく真理・救済は一つだが、そこに至る道（宗教）は複数あり、宗教間に優劣はないとする考え方である。日本の古代・中世で確立した八宗体制は、八宗（南都六宗＋天台宗・真言宗）以外を「宗」として認めない排他主義的な側面もあったものの、八万四千の法門はすべてブッダという一つの源から出たものであり、いずれも欠けることなく併存しなければならない、という考え方に基づいていた(師茂樹『最澄と徳一――仏教史上最大の対決』岩波新書、二〇二一年)。八宗体制は言うまでもなく仏教内部での話ではあるが、一種の宗教多元主義と評価することもできるだろう。現代において「新たな教相判釈」を実践するとすれば、(テロリズムなどの端的な悪は除外するとしても)世界にあるどの宗教や文化も排除すべきではなく、それらのあいだに優劣をつけるべきでもない、という前提に立つ必要がある。その上で、人類(や、人工知能なども含めた人類以外のエージェント)に共通の普遍的な真理や価値観を見出そうとする試みとなるであろう。

多元主義のなかには、真理・救済は必ずしも一つではなく、どの宗教の真理・救済も絶対的ではないので、宗教間に優劣はないという主張もある。つまり、〝自身の信じる宗教の真理は、数ある真理の一つでしかない〟という考え方である。宗教においては神や真理などの至高性、絶対性を前提とすることが多いことを考えると、このような前提に基づく異宗教間対話ははたして成立するのか、という疑問もあるだろう。しかし、絶対の真理をそもそも知り得ない凡夫の我々が、異なった真理を持つ人々と対話をする際には、複数の「真理」があるという前提に立つ方が倫理的に誠実な態度と言えるかもしれない。

因明――異なる信念を持つ人々との対話の技術

もし現代において「新たな教相判釈」が可能になるとすれば、個々の思想・宗教を奉ずる人々が、自身の立場を出発点としつつも、従来の教相判釈とは異なり、優劣をつけない多元主義的な態度をとりつつも、相対主義に陥らず、他の思想・宗教とのあいだに共通の考え方や普遍的な理論を見出そうとする試みとなるであろう。そのうえで、いかにして異なる価値観や思想を持つ人々との対話をすべきか。仏教の伝統で培われた因明には、異文化・異思想間の対話を批判的に検討し、それを実践するためのヒントが含まれているのではないかと思われる。

因明(仏教論理学)は、インドの討論術や論理学に端を発し、最初は主に仏教外で発展したが、六世紀頃に活躍した仏教の学僧であるディグナーガ(陳那)が画期的な体系化をしたことによって、その後は仏教のなかでも盛んに研究がなされるようになった。東アジアで発展したのは、玄奘(六〇二―六六四)訳の『因明正理門論(いんみょうしょうりもんろん)』や『因明入正理論(いんみょうにっしょうりろん)』によって紹介されたディグナーガの論理学である。その後インドでは、七世紀ごろ、ダルマキールティ(法称)によってさらなる展開が見られたが、それらは東アジアには伝わっていない。

ディグナーガの論理学（と、それを継承した東アジアの因明）が興味深いのは、仏教徒が作り上げたものであるにもかかわらず、「仏教の枠組みを超えて、如何なる教理的立場からも受け入れられる一種の形式論理学を目指した」（桂紹隆「仏教論理学の構造とその意義」『シリーズ大乗仏教九　認識論と論理学』春秋社、二〇一二年）ものであり、「複数の聖典＝信念の存在を認め、それらの並存状況下で有効な論理学の構築を追求していた」（小野基「相違決定（*viruddhāvyabhicārin*）をめぐって」『インド論理学研究』一、二〇一〇年）ものだということである。前節での議論をふまえて言い直すならば、因明は宗教多元主義的な前提で作られた論理学だと言える。

日本では明治時代になって、ヨーロッパから議会制度や裁判制度が導入されるようになった。それを見た雲英晃耀（一八三一―一九一〇）ら、日本の因明学者は、因明こそが国会議員や裁判官などが学ぶべき議論のためのスキルだと主張した。そして因明を用いて、政治問題や外交問題についての議論を試みている（師茂樹「Kira Kōyō's Inmyō Interpretations and Western Logic」『印度学仏教学研究』六三―三、二〇一五年）。結局のところ、近代社会に因明を普及しようとしたこれらの試みは成功しなかったが、その足跡は因明の現代における応用可能性を示唆している。

もちろん、言うまでもなく、因明を現代の思想間・宗教間対話でそのまま用いることはできない。因明が千年以上前に考案されたものであることを考えれば、論理学的に不十分な点があることは否めないだろう。また、玄奘の弟子の基（六三二―六八二）が著した『因明入正理論疏』に「因明を求めるのは、邪論を論破し、正道を確立するためである」と述べられているように、因明はしばしば仏教以外の学説を論破し、仏教の正しさを論証するためのものだと理解されることもあった。しかし、そのような態度は、多元主義を前提とした対話、あるいは「新しい教相判釈」にはふさわしいものではない。我々が因明から学ぶべきことは、因明の持つ宗教多元主義的な側面である。

元暁の論理学の再評価

因明の宗教多元主義的な性質を考えるうえで注目したいのは、『判比量論』などに示される元暁（六一七―六八六）の論理学（の思想）である。『判比量論』ではテーマごとに段が分けられて番号がふられ、そこで様々な論証式が批判的に検討されている。「判比量」とは、推論（比量）を批判的に検討すること、といった意味である。この文献の特徴を特に表していると思われるのが、一切皆成説の論証式に関する第十三段の議論である。ここでは、一切皆成説（一切衆生がブッダという究極のゴールに至ることができる、という説）の論証式を過失があるものとして否定し、かわりに一分不成仏説（一部の衆生はブッダになれない、という説）の論証式が妥当であると論じられている。元暁の思想的立場は一切皆成説であるが、ここではそれと矛盾するような議論がなされているのである。

ここから推察されるのは、おそらく『判比量論』は、元暁が論理学を用いて自身の思想の正当性を表明するために書かれたものではない、ということである。この文献では様々な論証式が提示されるが、その多くが相違決定という過失があるものとして批判される。相違決定とは、二つの論拠（因）が相互に矛盾する二つの主張（宗）を正当に成立させてしまう場合を過失としたものであり、二律背反の一種である。『判比量論』第十二段のように、相違決定自体がそもそも論理的に成立するのか、という議論もあり、元暁が相違決定に対して強い関心を持っていたことが推測される（師茂樹「Metalogic in East Asia: Discussion on the Antinomic Reason (*viruddhāvyabhicārin*) in P'an piryang non」『International Journal of Buddhist Thought & Culture』二九―二、二〇一九）。『判比量論』をはじめとする元暁の著作は、必ずしも完全な形で残っているわけではないため推測の域を出ない部分もあるが、元暁は本書によって、仏教の様々な教理に関する主張には必ず相違決定が起きることを示そうとしたのではないかと思われる。したがって元暁は、思想的には一切皆成説を擁護する立場であったとしても、それと矛盾する論証式が論理的に成立してしまうことを示さねばならなかったのである。

元暁のこのような態度は、因明が持っていた多元主義的性格をより推し進めたものだと理解することができる。すなわち、元暁の論理学に基づくならば、異なる信念を持つ文化・宗教の「真理」の言語表現は、それぞれが論理的整合性を持った形で現れ、一方の「真理」で他方の「真理」を論駁することは論理学的に不可能だということになる。元暁の論理学の現代的意義は、このような考え方にあるのではないかと思われる。

いわゆる「空有の論争」に対する元暁の態度は、元暁がこのような考え方を持っていたことを示唆するものだと考えられる。大賢（八世紀）によれば、インドにおいて中観派のバーヴィヴェーカ（清弁）と瑜伽行派のダルマパーラ（護法）とのあいだで起きたとされる「空有の論争」について、新羅では以下の三つの見解があったという。

ある説では、この両者〔清弁と護法〕のあいだには実際に論争があったとされる。『仏地経論』には「千年後、大乗のなかで空有の論争が起きる」とあるのは、このことを言っているのである。……円測らは〝実際に論争があった〟と伝えている。

ある説では、二師のあいだに論争はまったくなかった、という。……〔清弁の〕『大乗掌珍論』で批判されているのは相応論師であって、護法ではない。護法菩薩の『大乗広百論釈論』では相応論師を批判しており、彼〔清弁〕と同じである。このようなことを証拠とし、順憬師らは〝論争はなかった〟と伝えている。

ある説では、この二人は言葉では論争をしているが同じ意味のことを言っている、とする。……元暁師らは〝言葉のうえでは論争しているが、意図は同じである〟（と述べた）。

（大賢『成唯識論学記』）

『判比量論』に見られる相違決定への関心をふまえれば、「言葉のうえでは論争しているが、意図は同じである」という元暁の発言は、言葉で表現された複数の教説のあいだでは相互に矛盾が必ず起きてしまうが、言説を超えたところにある真理は同一である、ということを意味しているのではないかと思われる。前節で、因明は「複数の聖典＝信念」の併存を前提としているという小野基の説を紹介したが、小野がこのように言うのも相違決定があるからである。因明は、相互に矛盾する信念が併存する状況で議論を成り立たせるための技法として考案されたものであるが、元暁はそれを逆手に取って、言語を使った議論においては異なる信念の間で必ず矛盾が発生してしまうことを相違決定によって示そうとしたのである。

おわりに

源信（九四二―一〇一七）は、一般には浄土教の思想家として知られているが、すぐれた因明学者でもあった（さらに言えば、アビダルマや唯識思想についても造詣が深かった）。源信は、「古来、正しい論拠（正因）と認められてきたものは、多くが相違決定を避けることができない。その理由はまだわからない」と述べているが、この洞察は元暁の見出した相違決定の論理学的性質と共通するのではないかと思われる。源信が言うように、言語を用いたあらゆる主張が相違決定、すなわち二律背反となってしまうのであれば、異文化・異宗教間で、論理を用いてどちらが真理で

どちらが真理ではないかを決めるような議論は困難ということになる。

論理を用いることができないということは、対話ができなくなることを意味しない。対話を通じた合意形成は、論理学的な論理のみによってなされるのではなく、様々な手段があり得る。因明がどのような思想に基づいて作られたかはともかく、また元暁がどのような思想を持って論理学を研究していたかはともかく、現代の我々にとって因明や元暁の論理学が示唆するものは、単一の合理的思考（たとえば、自然科学などはこれを指向するものであろう）によっては決して異文化間対話は達成できないということであり、それを前提とした対話の技法の構築が求められている、ということではないだろうか。「新しい教相判釈」によって見出される多元主義的な世界における普遍性は、複数の「真理」が併存する形で立ち現れてくると言い換えてもよいかもしれない。

言うまでもなく、ここに示したものは、「対話の哲学」を対話的に行うために、東アジア仏教の伝統のなかから若干の話題提供を行ったものにすぎない。今後、このような話題提供が諸宗教、諸伝統間で行われ、対話とは何か、といった問いに対する答え（あるいは合意）を得ていくことができればと思う。

＊本稿のベースとなったのは、韓国仏教学会創立五〇周年記念大会（二〇二三年一一月四日、東国大学校）における発表「対話の哲学――教相判釈と仏教論理学の現代的意義」である。お招きいただいた韓国仏教学会と、発表に対して有益なコメントをいただいた方々に感謝申し上げる。

III 未来と縁起

多様な「生（life）」と未来の倫理

――〈多様性〉のパラドックス

田島樹里奈

はじめに――〈多様性〉社会で倫理を語ることの違和感

本稿の目的は、近年の日本社会で積極的に推進される〈多様性〉の認識が広まれば広まるほど、「生（life）」に関する「倫理」が語りづらくなっている（ように感じる）のはなぜかという問いを考察することである。ここではこの違和感を「〈多様性〉のパラドックス」と呼ぶことにする。なお本稿では、日本政府が国民の意識改革のために推進している〈多様性〉概念の場合には、山カッコを付して表記する[1]。

ここ数年、筆者はこの何とも言えない奇妙な違和感を大学の教育現場で感じている。それが「奇妙な違和感」である理由は、本来〈多様性〉を推進することは、字義的にはすべての人々の「自由」や「人権」、「平等」の確保、並びに「幸福追求」の実現を目指すものであり、長いあいだ倫理学の主題として論じられてきた問題だからである。つまり単純に考えれば、多様性を認め合うという考えが社会全体に浸透することは倫理学的な観点からも望ましいことであり、教育現場においても積極的に語ることのできるテーマのはずである。しかしここ数年、学生を前に倫理学（特に生命倫理）の授業で「性」や「生」を語ろうとすると、どうにも言葉を選びすぎてしまい表現に困ることがある。

それは学生たちの言葉に対する感覚や反応が変化したことも理由の一つとして考えられる。例えば数年前、生命倫理の授業で体外受精など生殖補助医療の説明を行ったさいに、ある学生から「子宮があるからと言ってその人を女性と呼ぶのはやめた方が良いと思う」（二〇一九年）というコメントをもらったことがあった。もちろん学生の言いたいことは理解できる。当時はちょうど日本でもＬＧＢＴＱ＋など性に関する概念が話題になり、人々がジェンダーの話題に対して敏感になり始めた頃であった。しかし生殖医療の問題で男女の性差用語を使わずに説明することはなかなか難しい。不可能ではないにせよ、説明しようとする度に何かしらの用語に引っかかり、聞いている方も混乱することが想定される。結局は注釈を入れて便宜的に使わざるを得ないのだが、こうしたことが少しずつ出てくるようになった。当時はなんとなくモヤモヤとした気持ちが残ったが、今思えばそれは「ある変化」の始まりを気づかせてくれていたのかもしれない。本稿ではその違和感を探る手がかりとして〈多様性〉概念に注目したい。

今日の生命倫理では、人格の問題や生殖問題、生命と権利の問題、生活のＱＯＬにも関わるＳＯＧＩ（Sexual Orientation and Gender Identity＝性的指向と性自認）や婚姻関係の問題、さらには再生医療技術の問題など多岐にわたる問題を対象としている。本稿のタイトルに付した life という語には、「生命・人生・寿命・生活・暮らし・生命体」といった、「生きること」そのものに関わる諸々の意味があるが、現在のところそれが指し示す射程はかなり複雑な状況にある。もちろん本稿ですべてを扱うことはできないが、人間が「生きる」ということは、そうした複雑な問題を抱えながら社会生活を営むことである点を今一度思い起こしておきたい。

一　政策としての〈多様性〉

昨今、一種の流行語のように〈多様性（ダイバーシティ）〉という言葉が謳われている。そこで目指されている基本的な理念とは「すべての人」（年齢・性別、人種や国籍、障害の有無、性的指向、宗教や信条、価値観などを問わず）が、等しく人権と基本的自由を実現し、自らの幸福追求に参加できる社会であり、後述する「誰一人取り残さない」社会の実現である。この概念自体が重要であるのは言うまでもないし、多様性を認め合うという価値観が社会に広まり、より多くの人々が生きやすい社会を目指すことは重要である。

けれどもここ数年の日本社会においては、メディアと教育を通じてかなり強力に〈多様性〉概念を普及させようと躍起になっているように感じる。特に「性の〈多様性〉」に関しては、二〇二〇年前後を境にこれまでにない頻度でテレビや新聞などのマスメディアにおいて語られるようになり、性的少数者に関する映画やドラマが次々と放送されるようになっている。[2] 男女平等に関する提言は、これまでも政府や行政機関を通じてなされていたものの、性の問題に関しては日本社会ではまだまだタブー視されている感じがあった。それが突如、標語のように〈多様性〉と性の問題が謳われ、人権など法的措置にも関わるテーマとして注意喚起されるようになった。正直、人が多様であることはあまりにも当たり前のことであるため、現在の風潮に対して妙な推しの強さを感じるのは、これまで試みられてきた政策がほとんど効力を持たなかったことの裏返しであり、ここまで強力に推し進めなければならないほどの状況にあることを意味しているのだろうと思わざるを得ない。

ここで筆者が注目したいのは、先にあげた二〇二〇年という年が、実はSDGsで掲げられている「2030アジェンダ」の目標達成の年限まで残り一〇年であることを示している点である。誰もがどこかで耳にしたことのある『誰一人取り残さない』持続可能で多様性と包摂性のある社会」というフレーズは、今からおよそ一〇年前に国連サミットにて全会一致で採択された国際目標である。そしてこの目標の年限が二〇三〇年とされている。つまり筆者が無意識のうちに感じていた〈多様性〉を強力に推進する空気は、ちょうど目標達成の年限まで残り一〇年という時から沸き起こっていたということになる。

具体的に政府関係の動きを見てみると、国の政策に対して科学的観点から助言をする立場として知られる日本学術会議（内閣府所管）は、二〇二〇年に『未来からの問い』[3]を刊行し、「これから一〇年後、三〇年後の世界を予測した上で、現在できる課題を導き出して学術による解決策を探る試み」をまとめている。そして、そこで強調している概念の一つが〈多様性〉であった。本書は九章から構成されており、そのうち最初の二つの章で〈多様性〉がキーワードになっている。さらに第一章の「はじめに（第一章「多様性と包摂性のある社会へ――公正と共生の実現」、第二章「持続発展的な社会と多様性」）――『尊厳』『公正』『共生』」の冒頭では、「21世紀半ばまでに『多様性と包摂性のある社会』は実現しているでしょうか。未来からの問いは、私たち自身がいま引き受けるべき課題にほかなりません」という言葉から始まっている。またそれに続く一節の部分では「1－1 個人の尊厳――『誰一人取り残さない』」という先述の「2030アジェンダ」の目標がタイトルになっている。

さらに二〇二〇年の内閣府男女共同参画局で閣議決定した「第5次男女共同参画基本計画――すべての女性が輝く令和の社会へ」[4]を見てみると、そこには第4次の基本計画(二〇一五年)には記載のなかった「メディア分野等と連携した積極的な情報発信」の項目が立てられていた。後述する内容とも関係するが、第5次基本計画では、「メディアと行政間でセクシュアルハラスメント事案が発生したことを踏まえ、政府を挙げて被害の予防・救済・再発防止を図る」との施策が示されている。つまり人々の意識に最も大きな影響を与える力を備えたメディアを媒介に、積極的に情報を発信する施策が打ち出されたのである。

そのメディアはといえば、共同通信社が発行する報道記者向けの『記者ハンドブック(新聞用事用語集)』[5]が、二〇二二年に六年ぶりの改訂版(第一四版)を発行している。この改訂版の最大の特徴は、ジェンダーに関する項目が追加された点である。最新版の「まえがき」には、「社会的、文化的性差であるジェンダーについて初めて取り上げ、章立てしました」と記載されており、「ジェンダー平等への配慮」の分類が追加さている。応・田中・尾方らの研究によれば、第四版(一九八一年)から差別語の言い換えについて「禁止語」の項目が加わっており、第八版(一九九七年)に「性差別」という区分が初めて追加されたようだが、二一世紀も四半世紀が経とうという時に、ようやくジェンダーに関する記載が加わったというのは、日本社会の実態を如実に映し出しているのではないか。ましてマスメディアにとって指針ともなる書である。こうした点から見ても、度々話題になる日本のジェンダーギャップ指数の低さの一因が見て取れる。ちなみに男女共同参画局の発表によれば、二〇二四年六月一二日時点での日本のジェンダーギャップ指数は、未だに一四六カ国中、一一八位だという。

以上の状況から見ても、〈多様性〉概念の推進は、なんとかして国民に浸透させようと躍起になっているように見えてならない。学生からは、「多様性は、自由のため、生きやすい社会のために推し進められているはずなのに、賛同しない自由を奪い、賛成しかできない不自由な社会になりつつあるところに矛盾を感じる」(二〇二四年)という声もある。このような声が出てしまうのは、一部の国民にとってはプロパガンダ化したスローガンのように聞こえているということであり、それこそ思想の刷り込みのように感じている人々が少なからずいるということである。なぜこのようになってしまったのか、日本ではどのように多様性の概念が受容されたのだろうか。ここではアメリカとの比較で概観したい。

まず日本社会で多様性（ダイバーシティ）の議論が開始されたのは「日経連ダイバーシティ・ワーク・ルール研究会」（二〇〇一）とされており、それは四半世紀近く前に遡る[6]。本研究会はダイバーシティと称されているものの、日本経済団体連合会という名からも想像できるように、ビジネス環境の変化に即して経営方針を転換させ、新たな経営戦略を立てることを目的として提起されたものである。したがって、いわゆる多様性そのものに焦点を当てた立場とは異なる。別言すれば、この政策は、企業が従来の社内風土や価値観にとらわれずに経営環境を革新させ、経済成長を目指すために「ダイバーシティを『攻めの戦略』」として活用すること（ダイバーシティ・マネジメント）を促進するために行われたものである[7]。したがって本研究会の報告書では、「ダイバーシティの本質」が「異質・多様を受け入れ、違いを認め合うこと」であると説明されているものの、人権そのものを重視するという観点から述べられているわけではない。あくまで経済成長を目的とした経営戦略であり、企業や経営者が伝統に固執せずに経営方針の意識転換をする必要があるというメッセージになっている。それゆえこの政策自体が直接的に現在の〈多様性〉概念の普及につながったとは考えにくい。

それに対してアメリカは、一九六〇年代に見られる公民権運動や、七〇年代のアファーマティブ・アクション（少数派優遇策）の拡充とそれに対する反発として、八〇年代に多様性の重視が社会全体を巻き込む積極的な運動として起こった。谷口によれば、八〇年代のアメリカではダイバーシティ研究に様々な分野の研究者が参画するようになり、「ダイバーシティが単に法律遵守の問題の対象から経営問題に発展するきっかけ[8]」となった。さらに九〇年代半ばには、ＩＢＭが多様性を戦略の中核に位置付けた取り組みを行うなど、ダイバーシティの論調は、「労働力の多様化が決して脅威ではなく、経済的、競争優位上の利益を組織にもたらすエンジン[9]」とみなされるようになった。これらのことが功を奏して、アメリカでは多様性が「組織変革のツール」としてビジネス上の意義を見出され、「誰もが知る常識」にまで拡充した。

つまり日米ともに経済政策として多様性概念の必要性が説かれたことになるが、受け止められ方は大きく異なっていた。もちろん、そもそも国家の成立過程が全く異なっているため、人種の多様性に対する根本的な意識には雲泥の差があるだろう。それでも、アメリカが時代の流れの中で積極的にダイバーシティ・マネジメントへと転換したことを多様性の積極的な受容と捉えるならば、日本におけるそれは消極的な受容と言わざるを得ない。日本ではダイバーシティ・マネジメントとポジティブ・アクションとが明確に区分されず、ダイバーシティは「もっぱら企業における『働き方改革』＝長時間労働の是正といった社内のワーク・ライフ・バランスの活動の一環として実施されるに留まっていた[10]」。

以下のような状況から日本社会はどのように変化したのか。筆者は、日本における〈多様性〉概念の受容については、「ハラスメント」概念との関係を考えなければならないと考えている。その意味でも日本の受容の仕方は、消極的なものと言わざるを得ない。そこで次に、ハラスメント概念の普及とSNSの「拡散」文化を手がかりにしながら、日本社会における〈多様性〉概念の受容を考察したい。

二　日本社会における〈多様性〉概念の消極的受容

(1)　ハラスメント概念の蔓延と言葉の希薄化

先に筆者は日本の〈多様性〉概念の受容には、一種独特な特徴があると考えている旨を述べた。それは、日本社会におけるハラスメント概念の理解や受容と密接な関係がある。筆者の見解では、両概念の理解と需要は、二〇一八年から立て続けに問題になった行政府でのハラスメント事案と、当時新たな形で急速に広がったSNSの「拡散」文化の影響が大きく作用している。以下ではまず前者から考察しよう。

周知のとおり、日本では憲法でも男女平等の理念が掲げられているが、現実の社会では平等とは程遠い状態が長いあいだ続いていた[11]。日本でセクシュアル・ハラスメントという言葉が導入され、一般にも知られるようになったのは今から約三五年前（一九八九年）と言われているが、いまだにこの語には法的な定義が定められていない[12]。一九九七年の男女雇用機会均等法改正に続き、二年後には「男女共同参画社会基本法」が施行され、事業主だけでなく社会全体の意識を変えようと試みられたが[13]、状況が大きく変わることはなかった。むしろ、略語の「セクハラ」という言葉が社会に普及し定着するにつれて言葉の意味は多義的になり、メディアが揶揄しておもしろおかしく報じることもあったという[14]。

二〇一〇年代の半ばになると、政府は、人口減少・超高齢化が進む日本社会が「持続的に成長していくためには、最大の潜在力である『女性の力』を十分に発揮することが不可欠」であるとし、「すべての女性が輝く社会づくり本部[15]」を設置するものの、それから程なくして財務省の福田元事務次官が複数メディアの女性記者に対してセクシュアル・ハラスメントをしていたことが発覚し、その実態の異様さから社会が騒然とした。その後も市長、県知事、省庁関係者などによるハラスメント事案が次々と明らかになるなどして、二〇一八年六月に「セクシュアル・ハラスメント対策の強化について――メディア・行政間での事案発生を受けての緊急対策」が取りまとめられる。その中では、「被害の予防・救済・再発防止を図る」ことを目的として、大きく三つの施策が掲げられた。第一に「セクシュアル・ハラスメント防止に係わる制度の周知・改善」、第二に「行政における取材対応の改善」、第三に「メディアへの要請」である。

要するにこの施策は、問題となった元事務次官が国家公務員法に基づき制定されている人事院規則一〇―一〇（セクシュアル・ハラスメント防止等）を認識すらしていなかったことや、「記者への『脅し』」と受け取られるような発言もあったこと、そして「取材源の秘匿というメディアならではの特殊性」が指摘されたことを受けての緊急対策としてまとめられた訳だが、それは日本の官僚らがいかにこれまでの政策を他人事として捉えていたか、ズレた感覚を持っているかを露呈している[16]。これ以降、各府省、内閣人事局においてセクシュアル・ハラスメント防止のための研修を義務化することや取材環境の整備、女性の参画拡大などが要請された。

本件で明らかになった一連の事態は、良くも悪くも「セクハラ」という言葉が再び話題となるきっかけとなった。それにより差別や侮蔑行為であることすら認識されていなかった「セクハラ」が、世界的水準では人権侵害であることをようやく認識させる契機になった。その一方で、不快に感じたことに対して何でもかんでも「〇〇ハラスメント」と呼んでしまう軽薄な流れも生じた。佐々木が述べるように、たしかに特定の用語と「ハラスメント」を組み合わせてキーワード化することで、「ハラスメント語は見えない差別や人権侵害の実態をあぶり出してきた[17]」。その意味では、それまでプライベートな事柄として言語化しにくかった問題を共通語の使用によって表現できるようになったことの意義は大きい。他方で、本来的に「ハラスメント」という語の意味は、「『不快な言動が繰り返し行われて、精神的肉体的に脅威を感じるほどひどく悩まされること』が人権侵害につながる場合に使われることがふさわしい[18]」と言われるように、気軽に使いすぎてしまうことによって、言葉の重みや事の重大性が損なわれてしまう危険性があることを看過してはならない。

加えて本件はセクシュアル・ハラスメントが単に当事者間の個別問題なのではなく、「場合によっては裁判で違法と判断され、損害賠償金の支払いも命じられることが知られるように[19]」なり、社会全体の意識を少しずつ変える一助にはなった。個人的には、それぞれの文化にはそれなりの良い点と悪い点があると考えているため、必ずしも男性優位で成り立っていた昭和型社会の全部が全部を悪いとは考えていないが、だからと言って女性蔑視や差別の問題が許されるはずはなく、看過されてはならない。まして公職者の立場で、いつまでも昭和・平成時代の感覚に浸かっている思考の緩さと貧弱な想像力には、現実社会に対する意識の低さと軽率さを感じずにはいられない。角田が「男女は違うとするさまざまな性別構造は、日本人の心身にほとんど血や肉のようになって染みついている」と厳しく指摘し、性差別の多くは「本人が差別をしている認識すらないのが実情」だと分析するのも残念ながら納得がいってしまう[20]。

また本件は、海外のメディアでも報じられて話題になったが、そこで注目されたのは日本女性の態度に関するものだった。次節で触れるように、当時、ちょうどアメリカでも「セクハラや性被害を告発する運動」として「#MeToo運動」が広がりを見せていた。朝日新聞によると、海外メディアでは「日本女性は告発することで非難されることを恐れている」とか、「被害者は非難されることを恐れて声を上げたがらない」(ロイター通信)など、性に関する問題に対して声を上げられない日本女性の特性が報じられたという[21]。またイギリスの『フィナンシャル・タイムズ』では、「欧米に比べ、有名な男性からのセクハラを訴え出る女性が少ない日本では珍しい『#MeToo』の例だ[22]」と伝えられたという。「#MeToo運動」によって明らかになった女性俳優らのコメントを読む限り、こうした女性の胸のうちは日本に限ったものでは無いようにも思われるが、いずれにせよ「#MeToo」運動を機に、少しずつ社会の流れが変わってきているのは確かである。そこで次に、SNSによる「拡散」文化の影響を考察したい。

(2) 「拡散」文化が変えた人々の潜在意識とリスクマネジメント

二〇一八年以降、急速に広まった「#MeToo」運動は、よく知られるように、映画プロデューサーのハーヴェイ・ワインスタインが約三〇年にわたり俳優など女性従業員にセクシュアル・ハラスメントを続けてきたことが、女性俳優らの実名告発によって明るみなったことに端を発する。本件は二〇一七年一〇月に『ニューヨーク・タイムズ』に掲載されたことを機に、次々と俳優が名乗り出て告発するという異例の事態であった。さらにSNS上でアリッサ・ミラノ（俳優）がハッシュタグ付きで「#MeToo」と投稿したことからSNS上での発信が一気に広がり、セクシュアル・ハラスメントを告発し撲滅するための「#MeToo運動」へと発展した。[23] その後、ハッシュタグによる「拡散」のムーヴメントが世界的な流行となり、SNSを介した情報網に新たな流れを生み出した。

また二〇二〇年には、白人警察が黒人容疑者を過剰に取り締まったことにより、容疑者が圧迫死するというジョージ・フロイド事件が発生した。アメリカでの黒人差別や暴力問題は長年に及び、白人警察による横暴な対応は珍しいことではなかったが、この事件が世界的に注目されたのには、当該事件の一部始終が動画として収められ、それがSNSを通じて世界へ拡散されたことによる影響が大きい。警察による人種差別的な取り締まりへの抗議活動は、全米のみならず世界へと急速に拡大し、Black Lives Matter（#blacklivesmatter）運動へと波及した。またこの事件では、白人警察が全ての罪状で有罪評決を出されるという異例の事態となった。

以上のことが、日本の〈多様性〉とどのような関係にあるのか。筆者は、世界的な運動として広がった「#MeToo運動」をはじめとするSNSの「拡散」文化は、これまでとは異なる意味で衝撃的なまでにわれわれの社会を変え、一般市民の意識、そして既存の言葉の概念をも変えるほど、大きな変化をもたらすものだと考えている。別言すれば、SNSの使用形態の変化によって、コミュニケーションの在り方が変容したことはもはや常識的な事実であるが、それ以前に留意しておかなければならない点として、いわゆるZ世代の人々とそれ以前の世代とでは、根本的にメディアとの関係性や向き合い方が異なると考えられるということである。これは意外と大切なことなのではないかと筆者は考えている。

筆者自身を含め、二〇〇〇年よりも前の社会で生活をしてきた人の多くは、インターネットとかかわらずに日々を過ごしていた時期がそれなりにある。そうした人々は、固定電話が主流の時代からポケットベルや携帯電話、そしてスマートフォンの時代へと目まぐるしく移り変わっていく時代を一歩一歩、その都度対応しながら生きてきた。インターネットやWi-Fi機能が普及していく社会に対して、時に驚き、ワクワクしながら技術の進歩を感じていただろう。そうした人々は、どちらかと言うと、インターネットに対して受動的な態度であると考えられる[24]。というのも、インターネットが普及してから一〇年近くのあいだ、インターネットの主な利用目的は公的に公開されている情報を閲覧することを基本としていた。つまりコミュニケーションの役割を果たすのはメール機能であり、現在と同様に形式的であれ文章表現のマナーに基づいたやり取りが行われていた。その後、SNSのmixiとFacebookがサービスを開始したのが二〇〇四年であるが、当時はスマートフォンが普及していない。それから三年後の二〇〇七年にアップル社のiPhoneが発売されることを考えれば、現在のように誰もがスマートフォンを持つようになったのは、およそ二〇一〇年頃と考えられるだろう。それと同時にSNSが急速に普及し、社会生活、経済活動、政治活動など、あらゆる活動が様変わりした。そう考えてみると、SNSの普及とそれがもたらす社会への影響の大きさは、言葉から伝わる以上に急激な変容を遂げており、この一〇年は怒濤のような変化であったことが容易に想像できる。

これらを前提に話を戻してみると、ハラスメント概念にせよ多様性概念にせよ、人々の間で本格的に社会問題として意識されるようになったのは、二〇一〇年前後からであり、それはちょうどSNS利用者の急拡大と、「#MeToo運動」に代表される「拡散」文化の波及の時期と重なることがわかる。かなりの数のハラスメント事件が取り上げられ、その度ごとにマスメディアやネットニュースでは厳しく追及される様子が映し出されていた。SNSの普及によって次々と問題が顕在化し、何でもかんでも「ハラスメント」と言われてしまいそうな戦々兢々とした風潮が蔓延したことは、少なからず人々を動揺させ、社会全体に緊張感を運び入れた。その結果、急激な社会変動によって理解がままならない人ほど、ハラスメントによる告発の怖さだけがメディアを通じて伝わり、自らが加害者として名指しされないようにすることばかりに意識が傾いている可能性がある。

そして上記の流れは、陰に陽に〈多様性〉の捉え方にも影響を及ぼしていると考えている。先述のとおり、「人権」に関わる倫理的問題であるはずの〈多様性〉概念は、近年の日本の風潮においては、異なる価値を持つ人々も理解しなければならないというある種の義務的な命題に変えられてしまっているように見える。そして「空気を読む」ことや「察する」文化が根付いた日本では、「他者に対して不快を与えてしまうこと」は、心のどこかで「悪いこと」「申し訳ないこと」という道徳的な認識があるのではないか。だからこそ、他人に不快感を与えてしまうことを心配する場合には「人から非難されるかも知れない」と不安に思う一方で、ビジネスの場や社会生活の中では、無意識のうちに「自分自身の社会的立場が危険に晒されるかも知れない」という「保身」の意識を持っても不思議ではない。つまり、これまで「ハラスメント」や「多様性」といった概念そのものに大して関心を向けたことすらなかったような人々は——だからこそ自らの行為に気が付かないということが起こり得るのだが——「人権」などと言われても理解が追いつかない。そうでなかったとしても、社会全体であまりにもハラスメントや〈多様性〉が叫ばれ、強調されているために、逆に本来の重要性が蔑ろにされかねないのではないか。それこそ「人として他者を理解しよう」というよりは、「他者を理解できない人だと思われないように気をつけよう」とか、「公的空間で批判や非難の対象になるかもしれない」という短絡的な意識に追いやられている可能性がある。

二〇二二年までにすべての企業に義務づけられたパワーハラスメント防止措置など、企業などでも組織的にハラスメント研修などが行われるようになったが、多くの場合は裁判沙汰にならないようにするためのリスクマネジメントとして実施されている。もちろんいかなる組織であれ、経営を維持するためには必要な対策であることに異論はないが、人々の意識が裁判に関するニュースや批判的なコメントに向けば向くほど、多様性に対する理解が表面的で浅い自己保身のためだけのものになりかねない。そうした自己保身の意識を経由して受容された〈多様性〉は、消極的な受容であると言わざるを得ないと筆者は考えている。

三　社会の変容と言葉の多義化

最後に、冒頭で述べた、学生とのやりとりの問題と筆者が感じる「奇妙な違和感」について、多様な生（life）と未来の倫理という観点からあらためて考察したい。

まず基本的な前提として、生命倫理（学）や環境倫理（学）など、「倫理」の前に特定の分野が加えられて「〇〇倫理（学）」と呼ばれる分野は、いわゆる応用倫理学に属する。これらは当然のことながら、基礎的な「倫理（学）」が理解されていることの上に成り立っている。言い換えれば「倫理とは何か」について、ある程度共通の認識や学問的な枠組みを理解しておく必要がある。そうでなければ学問としての「応用」の意味を成さず、経験的な判断や社会の風潮に左右されるような判断になりかねないし、その都度の良い解釈で空疎になりかねない。そして応用倫理学の場合には、それぞれの分野が成立した背景も知っておく必要がある。例えば生命倫理学の場合、アメリカでバイオ・エシックスとして生まれ、時代の流れの中で学問として確立した背景がある。その流れには人種差別問題に代表される一九六〇年代の公民権運動や、中絶における女性の権利問題も関わっている。各々の歴史的な背景を知ることで、なぜそのテーマが重要なのか、なぜその分野が一つの学問として成立する必要があったのかを理解することができるし、それらを踏まえることで慎重な議論ができる。だからこそ、本稿で論じてきた「多様性」や「ハラスメント」という言葉においても、「人権」や「自由」概念の歴史的な背景を大まかにでも理解しておくことが大切である。そのように考えて、筆者はこれまで授業を行っていた。しかし、最近ふと、いつまでそれを素朴に信じても良いのだろうかと疑問に思うことがある。

というのも、昨今の生命倫理に関する話題は、明らかに別次元の問題に食い込んできており、人間や生死など「生（life）」に関わる概念そのものの定義が脅かされているように感じるからだ。新聞の見出しには、「ＳＮＳで精子取引 急増」（読売新聞・二〇二二年）、「『男性同士で子』倫理に課題――雄マウスから卵子」（読売新聞・二〇二三）、「精子や卵子使わず『胚モデル』作製成功」（読売新聞・二〇二三）、「うちのパパは3人 助け合って愛情注ぐ」（朝日新聞・二〇二三）、「10代の妊婦 ２００人に1人梅毒」（朝日新聞・二〇二四年）など、筆者自身どのように捉えるべきか苦慮する記事が散見される。そしてマスメディアの情報だけでなく、学生たちのコメントに対しても、なんとも表現し難い複雑な思いを抱くことが増えてきた。

筆者は受講者数の多い授業でも、なるべく双方向性を生み出すために授業に対する各自の考えを書いたリアクションペーパーの内容を紹介し、適宜質問にも答えるようにしている[25]。そうするとそれに対する反応が再び寄せられ、間接的に学生同士の対話になることもしばしばある。中でも性に関する問題を扱った授業の後には、日本社会の現状を垣間見たような気持ちになることがしばしばある。「お金欲しさにパパ活をしている友人がいて、やめた方が良いと言っても聞かないです」、「私の周りにも性産業に関わっている友人が複数います」、「（某有名国立大学）に通う友人がＳＮＳで精子売買をしようとして、彼女に言うべきか相談されました」、「風俗店などで働かなければならない人は、一部を除いて、毎日生きていくためにそのような仕事をしています。ふしだらな女として社会から見捨てられて理不尽に思います」、「私の中学の友達は家族間の寂しさを不特定多数の男の人と関係を持つことで埋めていたように見えました」等々……。当然のことながら、筆者の方から上記の内容を聞き出すような話はしない。それでも自ら、不特定多数者と性的な関係を持っていることを伝えてくる学生、お金目的で性の仕事をしていることをコメントしてくる学生が年々増えている。もちろん、これらの話はメディアなどでも問題にされている内容ではある。しかし実際にこのようなコメントが毎年のように寄せられると、何ともやるせない気持ちになる。加えて人工妊娠中絶に関する授業で教育用の映像を視聴した後には、「中絶は薬を飲めば胎内物が自然に消えるものかと思っていた」というコメントを女子学生から受け取り、驚いたことがあった。そしてここ三年、それと全く同じ内容のコメントが毎年提出されるようになった。

そのほかにも家族や婚姻に関係する言葉として「亭主関白」や「結納」という語を「聞いたことがない」と言う学生が二―四割多数いた。単なるジェネレーション・ギャップと言えばそれまでのように聞こえるが、事態はそれほど単純ではないのではないか。筆者は、〈多様性〉が多義的に捉えられてしまっている社会においては、深刻な問題であると考えている。「中絶」という言葉にせよ、「ハラスメント」や「多様性」という言葉にせよ、どのように理解され解釈されているかで議論全体の意味も変わってくる。

これらを考える上でヒントとなるのが、檜垣良成による『多様性』を叫ぶことの問題」という論考である。檜垣は、学生からのコメントを多数引用しながら日本の教育を分析している。

その中に、「自由」の解釈をめぐる興味深い考察がある。檜垣は、学生のコメントの中から、今現在の世間で言われる「自由」というのは、「自分の思想が侵されることなく、ありのままの自分が認められるという意味での自由」であると述べたコメントを紹介している。檜垣の引用によると、その学生は「個人の持つ思想はその人がそう思ったというだけで反論できなくなるような空気感が支配していた」[26]という。また価値観の問題に関して、「価値観は人それぞれ」とは言われたが、「その価値に責任を持て」と言われたことはないという報告が続出したとも述べられている[27]。もしもこの感覚が珍しいものではないとすると、かなり恐ろしい状況である[28]。そしてこのことは〈多様性〉の理解とも大きく関わってくる。というのも、もしも各自の思想がそのまま認められることを自由とするならば、どれだけ自分とは異なる考えであろうと他者の自由も尊重しなければならないことになる。そして責任とは別問題として捉えられた自由を〈多様な〉価値観として捉え、それらを包摂する必要があると捉えていたらどうだろう。

一つの問題として檜垣が指摘しているのは、各々が「ありのままの」自由や価値観を主張しただけの状態では、承認欲求が満たされない点である。それが問題であるのは、他者の承認を得るためには自らの価値観を「みなに承認してもらえるものへと変容させていかなければならない[29]」からである。とりわけSNSが生活の一部になっている世代にとっては、他者評価を意識し過ぎている傾向があるため、自らの行動や価値観が他者評価に依存している傾向にある[30]。そうすると、結局のところ「主体的には空虚であり、いつもみずからが従属すべき価値を探し続けなければならない[31]」ことになってしまう。それゆえ檜垣は、「空気を読み、それに合わせていくことが何より大事」な現代社会の行き着く先は、「広い意味での権威主義」であると主張する。

> 広い意味でその時その場で力をもっているものには合わせなければならず、公的な場面では実は多様性は認められないという反転が密かに惹き起こされており、「多様性の尊重」教育は、皮肉なことに、多様性が説かれることがなかった以前の日本社会にも増して、むしろ多様性が台頭しないように抑制する効果をもたらしているのである[32]。

〈多様性〉という概念が現在進行形で勢いよく浸透してきている今、われわれはどのように捉え、未来へと「倫理」を繋いで行けば良いのだろうか。檜垣は「現代の空気社会の一番の問題点は、流動的であるという点」であると指摘し、それゆえ「そこに示された価値を自分のものとして引き受け、責任を持って遵守してゆくということができない」と主張する[33]。確かに檜垣の述べるように、流動的な社会は価値が定まらない。しかし筆者は「流動的である」こと以上に、その流動的な社会の中で流されたままになり、自分にとって都合よく解釈しながら、それも〈多様性〉だと主張してしまう思考こそ本当に問題であると考える。加えて、〈多様性〉という言葉を盾に自己主張を展開し、人の揚げ足を取ったり過度な非難をしたりする人が少数であれメディア空間で流出することにより、全体として言葉を発しにくい風潮ができてしまうことである。そもそも人間が多様である以上、受け入れられる考えとそうでない考えがあって当然なのではないか。誰であれ人を傷つけることがあってはならないが、だからと言って全てを受け入れることを強要するのも何か違うような気がしてならない。

おわりに――意識の変化と未来の倫理

古来より倫理学では、「よく生きる」とはどういうことかを問い、個人の幸福と社会の幸福とをどのように両立させ、実現することが可能かを考えてきた。そこには個人の自由を尊重しながら社会的な平等をどのように確保することができるのかという大きな問題が潜んでいる。〈多様性〉への理解が強調される今日、この問いに立ち向かう術はあるのか。本稿のこれまでの考察は、筆者が想定していた以上に遠回りで広範に及ぶものとなってしまった。最後に、本稿の全体を通して考えたことを示しておきたい。

本稿で述べた「2030アジェンダ」の年限を前に、さらなる〈多様性〉と包摂性の実現に向けた社会変革を試みようとした場合、われわれの未来はどうなるだろうか。もちろん、社会全体の意識は何らかの仕方で変わっていくだろう。しかしそれは本来政府が目指した〈多様性〉と包摂性の社会とは異なったものになるのではないか。誰にも未来のことは分からないが、これまでの議論を踏まえて考えてみると、無意識的にであれ〈多様性〉がリスクマネジメントとセットで捉えられ、既存の言葉の意義や定義の重みが希薄化する危険性も否定できない。この問題は冒頭でも紹介した、「対象を名付けること」(「子宮があるからと言って女性と呼ぶのはやめた方が良い」という指摘に関わる)の問題でもある。つまり、今後「生(life)」の〈多様性〉を認める運動が促進された場合、たとえば男女を示す「夫婦」という語や、「世帯主」という言葉(「主」という語が主従関係を想起させる)、など議論の対象となる言葉が増える可能性が考えられる。もちろん、それらを気にする必要がないと言いたいのではない。あまりにも言葉(特に日本語の場合は漢字)に反応し過ぎてしまうことで、逆に言葉の差別性を積極的に探すような意識を生じさせかねないのではないかという点を危惧している。その場合、会話の内容そのものよりも、そこで使用される言葉の適切性をチェックしたり、話し手の潜在的な差別意識を暴いたりすることばかりに意識を働かせるような風潮を生み出しかねない。あるいは公的施設などにおいては、区別していたことで守られていたものが危険に晒される可能性もある。区別していることと、差別を混同してしまうと、話の論点がずれてしまう。

新しい概念を作ることは、人々の思考の仕方や枠組みをも変える力を持つ。それがより多くの人々の幸福を促すものであれば、大いに望ましいことであるが、今の事態はあまりにも混沌としている。「倫理」の語源エートスには

「慣習」や「習俗」などの意味があるように、人々の倫理観は社会の潮流とも密接な関係がある。

人を傷つけずに平和に暮らすことがなぜこんなにも難しいのか。言語・制度・技術など、すべてはわれわれ人間がより良い「生（life）」のために知恵を出し合い、作り上げた産物であるが、それに振り回されているのもまた人間である。筆者からすれば、自分のことすら理解するのが難しいのに、他者を理解するなど至難の技である。それでも他者への配慮と寛恕、そして感謝があれば、もう少し希望を感じる未来になるのではないだろうか。

注

（1）cf.首相官邸ＨＰ「すべての人が生きがいを感じられる社会の実現」、経済産業省ＨＰ「ダイバーシティ経営の推進」、文部科学省ＨＰ「新しい学習指導要領等が目指す姿」「文化的多様性に関する世界宣言」。

（2）もちろんＮＨＫでは十数年前からマイノリティをテーマにしたバラエティ・情報番組を放送していたし、その他の番組でも関連する特集番組などはあった。

（3）内閣府日本学術会議事務局『未来からの問い　日本学術会議100年を構想する』日経印刷、二〇二〇年。

（4）三年後の昨年、同名の基本計画で一部変更閣議決定を提出している。

（5）本書は「報道記者向けに正確な日本語表現を整理し、紹介することを目的」として一九五六年から発行されている書籍である（一般社団法人『記者ハンドブック　新聞用字用語集第14版』共同通信社、二〇二二年）。

（6）詳細は文部科学省のホームページや、各種学術研究が多数発表されているので、そちらを参照されたい。

（7）経済産業省「日経連ダイバーシティ・ワーク・ルール研究会」報告書の概要・資料２（https://www.mext.go.jp/component/b_menu/shingi/giji/__icsFiles/afieldfile/2013/05/21/1335249_002.pdf）

（8）谷口真美「多様性の捉え方」『季刊家計経済研究』家計経済研究所、一一一号、二〇一六年、一四頁。

（9）谷口真美、同右、一六頁。

（10）谷口真美、同右、一八頁。

（11）念のために断っておくが、筆者はフェミニストではないし、殊更ジェンダーに関する事柄や（セクシュアル）ハラスメント等を強調して何かを主張しようとする立場ではない。

（12）角田によれば、一九八九年、福岡地裁にセクシュアル・ハラスメントを理由として損害賠償を求める裁判が起き、それを男性週刊誌が「セクハラ」と造語し、同年の流行語大賞を得たことから社会に広まったという（角田由紀子「今、なぜ、セクシュアル・ハラスメントか」『ＮＷＥＣ実践研究』(9)、国立女性教育会館、二〇一九年、五七頁）。

（13）ハラスメント概念の詳細については、以下を参照されたい。佐々木恵理「増殖するハラスメント」『ことば』現代日本語研究会、四〇、二〇一九年、三六―五三頁。

（14）佐々木恵理「増殖するハラスメント」『ことば』現代日本語研

究会、四〇、二〇一九年、三八頁。

(15) 本部長を内閣総理大臣として、二〇一四年一〇月三日に閣議決定されている。

(16) 朝日新聞「セクハラの調査、財務省協力要請」二〇一八年四月一七日朝刊、三四頁。

(17) 佐々木恵理「増殖するハラスメント」『ことば』現代日本語研究会、四〇、二〇一九年、四六頁。

(18) 佐々木恵理、同右。

(19) 角田由紀子、前掲、六三頁。

(20) 角田由紀子「今、なぜ、セクシュアル・ハラスメントか」『NWEC実践研究』(9)、国立女性教育会館、二〇一九年、六三頁、七一頁。

(21) 朝日新聞「日本で珍しい『#MeToo』の例」二〇一八年四月一八日朝刊、三九頁。

(22) 朝日新聞、同上。

(23) BBCニュースによれば、ワインスタイン氏は、七五人以上の女性に対するハラスメントの容疑があるが、それらを否定していた(BBC, Harvey Weinstein 'to settle with accusers for $44m', 2019.5.25)。二〇二〇年にニューヨーク裁判所で禁錮二三年の刑を言い渡された後、二〇二三年にはロサンゼルスの裁判所で二度目の有罪判決を言い渡され、禁錮一六年の刑が追加され服役している。

(24) 時代の流れの中で、積極的・能動的に発信する生活とへ移行した人々も相当数いるのだと思われるが、そうした人々の多くも受動的な態度で過ごした経験があるのではないだろうか。

(25) もちろん個人が特定されないよう十分留意し、紹介してほしくない場合はあらかじめその旨を記載するように伝えている。

(26) 檜垣良成、一八〇頁。

(27) 檜垣良成、一七八頁。

(28) 言うまでもなく、この一名のコメントが、日本人学生の代表的な考えというわけではない。とは言え、筆者は不安に感じて同様の質問を二五〇名規模の授業で実施してみた。その結果、しっかりと責任の問題やそれと類似した観点で考えている学生は半数以上いた。檜垣論文は、その他複数の興味深いコメントが紹介されているため、詳細は檜垣論文を参照されたい。

(29) 檜垣良成、一七九頁。

(30) ここでは紙幅の都合上扱えないが、現在では複数の先行研究が出ている。cf. 五十嵐敦「大学生のSNS利用傾向と承認欲求および情緒的依存との関連について」福山大学人間発達文化学類附属学校臨床支援センター紀要、教育推進機構、二〇二一年。永濱広城「SNS閲覧が他者評価エゴグラムに与える影響」北陸先端科学技術大学院大学、二〇二二年。

(31) 檜垣良成、一八一頁。

(32) 檜垣良成、一八四頁。

(33) 檜垣良成「『多様性』を叫ぶことの問題——とくに、日本の教育において」『哲学・思想論集』第四五号、二〇一九年、一八一頁。

縁起説と未来原因説

——ブッダとプラジュニャーカラグプタの因果論

護山真也

仏教哲学の未来形を考えるとき、私たちがまず立ち返るべきは縁起の思想であることに異論はないだろう。ブッダが悟りの体験のときに、順逆に観じたとされる十二支縁起から、その大乗仏教的な展開としてのナーガールジュナの空＝縁起の思想、さらにヴァスバンドゥをはじめとする唯識の思想家たちが説いた阿頼耶識縁起（あらやしきえんぎ）、東アジア仏教に通底する華厳の法界縁起から密教の思想まで、縁起こそ、仏教哲学のアルファにしてオメガである。

以下に論じることになる仏教認識論・論理学の体系を支えるものも縁起である。とりわけダルマキールティの哲学では、縁起の考えを応用することで、推論の基本構造には、同一性の判断と因果性の判断の二種類があり、後者は結果から原因を推理する形式に収斂することが論じられたことが知られている。そして、この系譜に位置するプラジュニャーカラグプタが提示した未来原因説もまた、縁起の思想から派生した考え方の一つであり、ある意味では、縁起説の可能性を極限まで推し進めたものと見ることもできる。未来原因説については、『未来哲学』創刊号にて、マイケル・ダメットの逆向き因果の議論との比較考察の一文を草したが(1)、そこでは扱えなかった視点や、テキストを離れて自分なりに考えてきた事柄などもあるため、ブッダの縁起説からの展開の諸相をふりかえりながら、ここにあらためてその価値を問い直してみたい。

＊　＊　＊

縁起と聞くと、今日は縁起がよい、悪いなど、運や吉凶に近い意味で使われる言葉を思い出しがちだが、仏教の教理としての本来の縁起はそれとは別に考えた方がよい。経典には、「縁起を見る者は法を見る。法を見る者は縁起を見る」（大象跡喩経）と説かれている。ここで言う「法」はブッダの教えともとれるし、存在要素という意味でもとれる。縁起を正しく知る者がブッダの教えを知る者であるということ、あるいは、縁起を正しく知る者があらゆる存在要素を知る者であるということ、ブッダの教えの核心に縁起の教えがあり、それはこの世界の万物を貫く道理であるということが分かる。

　この経典の言葉は、ゴータマ・ブッダの最初の弟子となった五比丘の一人アッサジが、後に仏教教団の重要人物となるサーリプッタ（舎利弗）に対して語ったものとされている。サーリプッタは、当時はまだ懐疑論の教えに傾倒していたのだが、このブッダの教えに感銘を受け、仏教に帰依したという。

　では縁起とは何か。この言葉はサンスクリット語でプラティートヤ・サムトパーダ（pratītyasamutpāda）と言われ、あるものと邂逅して／あるものを条件として、あるものが生じることを意味する。縁起とは「縁りて起きる」こと、つまり、原因によって結果が生じることであり、因果関係と理解しておいてよい。この世界のあらゆる出来事には然るべき原因があり、その原因が取り除かれれば、その出来事は生じない。この関係は、次のフォーミュラで示される。

imasmiṃ sati idaṃ hoti, imass' uppādā idaṃ uppajjati /
imasmiṃ asati idaṃ na hoti, imassa nirodhā idaṃ nirujjhati //
(asmin satīdaṃ bhavati, asyotpadād idaṃ utpadyate /
asminn asatīdaṃ na bhavati, asya idaṃ nirodhād nirudhyate //)

これあるとき、かれあり、これの生じることによって、かれが生じる。
これなきとき、かれなく、これの滅することによって、かれが滅する。(2)

　ブッダはこのフォーミュラをもとに、老いて死んでいくこと、またそれにともなうさまざまな憂いや悲しみなどの原因には、輪廻的生存があること、その輪廻を引き起こす要因は、感覚器官とそれぞれの対象とが接触することから生じる感受作用に由来する欲望の反復増大であること、そのことをさらに深層で成り立たせているのは、無明という根源的な錯誤知から身口意の間違った行為がひきおこされるという事態であることを、十二の支分から成る因果の連鎖として示した。十二支縁起については、その成立過程や、それぞれの支分の理解などに関して複雑な背景があるが、それらの問題については、並川孝儀『構築された仏教思想　ゴータマ・ブッダ　縁起という「苦の生滅システム」の源泉』（佼成出版社、二〇一〇年）に分かりやすい解説があるので、詳しくはそちらを参照していただきたい。

縁起を論じる際に十二支縁起を無視することができないのはその通りであるが、ここでは、そのフォーミュラそのものに注目したい。とりわけ、先にあげた翻訳で「これあるとき、かれあり」と訳された部分は、一見すると何の問題もないように見えるかもしれないが、実はこの箇所に因果関係の本質をめぐる大きな問題が潜んでいる。それは、日本の近代仏教学の黎明期に起きた「縁起論争」の論点でもあり、遡れば、インド仏教内部における縁起解釈の対立点でもあったのである。今、その対立点を簡略に示せば、「これあるとき、かれあり」という一文は、一方では、「これを原因として、かれが結果として生じる」という因果関係として解釈する仕方がある反面、他方では、「これを条件として、かれが帰結する」という論理的な条件関係として解釈することも許される。そのどちらに軸足を置くかで、縁起の見方はガラリと変わってしまう。後述するように、未来原因説の考えは後者の解釈と親和性があるのだが、その話に入るまえに、まずは近代日本の仏教学者たちが繰り広げた縁起論争のことから見ていくことにしよう。

一　縁起説をめぐる仏教学者たちの論争

大正時代末より昭和初期にかけて木村泰賢（一八八一―一九三〇年）、宇井伯寿（一八八二―一九六三年）、和辻哲郎（一八八九―一九六〇年）、赤沼智善（一八八四―一九三七年）らの名だたる仏教学者により縁起の解釈をめぐる論争が展開された。

この論争については、宮崎哲弥が近著『仏教論争――「縁起」から本質を問う』（ちくま新書、二〇一八年）において、各論者の見解の詳細を、特に宮下晴輝の論考（「縁起説研究初期が残したもの」『仏教学セミナー』一〇〇号、二〇一八年）をもとにして考察している。

従来は木村自身が論争の経緯と主題をまとめた「原始仏教における縁起観の開展」に依拠して、①時間順序に従う因果関係としての縁起を説く伝統的解釈（赤沼説）、②条件と帰結の関係として縁起を説く論理的解釈（宇井、和辻説）、③前二者を止揚する生命論的・心理的解釈（木村説）という整理がされることが多かったようだが、宮下の論考は、論争の契機となった木村の最初の論考に立ち返りながら、木村説には宇井・和辻説と共通する見解があることを指摘し、論争の構図を従来とは別様に描き出している。

一連の論争のなかで、縁起を時間的な因果関係として捉える立場は、アビダルマの伝統的解釈、すなわち胎生学的な生物の発生段階を組み込んだ、いわゆる「三世両重の因縁」の縁起解釈に見ることができる。この立場は赤沼が当初採用していた見解であるが、ブッダ自身が胎生学的な解釈に与したと考えることには無理があるため、木村・宇井・和辻が共通して否認の態度を示した。

しかしながら、胎生学的な解釈が退けられたからといって、そのことがそのままあらゆる時間的解釈を否定することにつながるわけではない。木村泰賢の立場は、因果関係には同時因果と異時因果とがあり、十二支の関係に両方を認めるというものだった。

これに対して、宇井と和辻の立場は、縁起を論理的な関係とみなす点で共通する。ただし、両者の立場には違いがある。宇井は、十二支を「相関的相依関係」と捉えたうえで、それは事実として存在する原因と結果の関係ではなく、条件と帰結の関係にあると言う。一方、和辻は相依性としての縁起を全面的には承認しない。相依性を言うのであれば、十二支の順序はこの通りでなくてもよいはずだからである。十二支がこの順序で説かれたことに意味があるとすれば、それは、特定の法と特定の法とのあいだに「内的必然性」があり、一方が他方を条件づけるという論理的な関係があるとした場合にかぎる。なお、和辻は縁起を法と法との条件づけの関係とみなすのであるが、この場合の「法」とは一回性の「もの」ではなく、あくまでも「かた」あるいは「こと」として、つまり、反復可能な概念的存在として捉えられている点は注意しておきたい。(3)

宇井・和辻からの批判に対して、木村は複数の論点から厳しい論評を加える。とりわけ興味深いのは、縁起のフォーミュラをめぐる次の発言である。「縁」(paccaya/pratyaya)の語義解釈に関する疑問を提示した後に、こう述べる。

> 私を以て見るにこの縁の字義の詮索よりも、もっと大切な文献の批評的研究を宇井氏も和辻氏も度外視したのを遺憾に思ふ。それは例の「これあれば彼あり、之生ずれば彼生じ、之なければ彼なく之滅すれば彼滅す」といふ縁起の字義をいかやうに解釈すべきかといふ事である。尤も宇井氏は多少、此文句に触れているけれども、併し肝心な「之あれば彼あり」(Imasmiṃ sati idaṃ hoti)と「之生ずれば彼生ず」(Imass' uppādā idaṃ uppajjati)との間に於ける区別に対しては特別の注意を払って居らぬが、和辻氏となれば一言も之に触れた所がないのである。私を以て見るに縁起の定義として右の両句を並べ挙

げたのは甚深の意義の存するもので、決して同じ事柄の繰り返へしてないことは、所謂滅観の方にも同じく並べあげているに徴しても明である。私の解する限り「若し之あれば彼あり」の方は同時的依存関係を示したもので、「若し之生ずれば、彼生ず」の方は異時的継起関係を示したものとせねば収まりがつくまいと思ふが、古来の大論師達の間にも亦、かかる見解を抱いて解釈した人が少なくはない。(4)

木村の理解では、縁起のフォーミュラのうちの第一は同時的依存関係であり、第二は異時的継起関係をそれぞれ表したものであり、両者を統合することで、「一方には時間的経過的関係を辿ると同時に、他方には所謂、相依相成の同時関係を辿り、縦から見ても、横から見ても、そこに重大な関係のあることを明にする」(5)ことが目指されている。この立場から見れば、宇井説は、縁起の第二のフォーミュラに見られる時間的な縁起理解を無視している点に問題がある。ということは、第一のフォーミュラだけに関して言えば、木村と宇井との立場には共通性があるということでもある。二人とも、「これあるとき、かれあり」の二項は同時的に存在するものと考え、空間的に異なる二項が相互に依存しあう関係（典型的には名色と識とのあいだに成立する）を示すものと理解した点で違いはない。(6)

以上をまとめると下記の図になる。

このように整理した場合、従来、見落とされがちであったが、木村が縁起の第二フォーミュラに関して、それを「異時的継起」として認識していた点は重要であろう。確かに、木村のなかに宇井と同じく、「同時的依存」としての縁起を認める考えがあったのは疑いない。だが、宇井と異なり、木村の場合には、縁起には時間的継起のなかにある因果関係の側面が切り落とされることはなかった。縁起論争を論評した宮崎は、「時間的因果関係か、空間的相関関係か」という点に木村―宇井の論争の争点を見るのは、「皮相の読解」によるものと批判しているが、私の見るところ、その判断に

	赤沼	木村	宇井	和辻
時間的解釈	胎生学的	異時的継起 同時的依存		
論理的解釈			相関的相依	論理的

は再考の余地がある。木村が示した「異時的継起」に着目すれば、縁起を時間的な因果関係として見る立場と、論理的関係として見る立場との対立はなお残存しているからである。

木村が最初の論考を発表したのが、大正十一（一九二二）年のこと。以来、縁起説の解釈をめぐっては様々な論説が展開されてきたが、急逝した木村の学説に対して、宇井・和辻の解釈の方が優勢とみなされる時期が暫く続いた。部分的な批判はあっても、公然と反旗を翻す議論は出されなかった。その風穴を開けたのが、松本史朗の『縁起と空――如来像思想批判』（大藏出版、一九八九年）である。松本は、縁起の第一フォーミュラ、第二フォーミュラをともの時間的解釈を示すものと見て、空間的・論理的解釈を示す宇井・和辻の縁起理解を徹底的に批判した。木村が第二フォーミュラの解釈で残した時間的因果こそが、正しい縁起理解であるとされたのである。もちろん、松本の議論に対してもさらに詳細に検討すべき点は残されているが、ここでの検討対象ではない。大事なことは、松本説の登場により、時間的因果としての縁起と空間的・論理的関係としての縁起という対立軸が明確になったということである。

だが、この二つの解釈は、なにも近代仏教学のみがたどり着いた結論なのではない。インド仏教、特に仏教認識論の議論のなかで縁起のフォーミュラの解釈が問題にされる際、時間的先後関係を重視する考えと、それを重視せず、未来のものを原因とすることも可能だとする考えとが並び立った。この後者の考えを詳しく眺めてみると、そこには論理的関係として縁起をとらえるという発想があることが見えてくる。

二　ダルマキールティの因果論とプラジュニャーカラグプタの未来原因説

まずは、ダルマキールティの議論から確認しよう。彼は『認識論評釈』「プラマーナの確立」章のなかで、輪廻の存在を認めない唯物論者を相手にして、私たちの認識の連続（識相続）は、生まれる前から続いたものであり、死後も続くものであることを詳論する。この輪廻的世界があるからこそ、ブッダの過去世における慈悲の反復実修が説明できる。唯物論者に言わせれば、私たちの意識の基盤になるものは四元素からなる身体であり、身体が消えれば、意識も消える。これに対してダルマキールティは、身体が消えても、認識は先行する認識を原因として生じるのであり、その連続が「輪廻」と呼ばれる事象なのだと説明する。

このとき、ダルマキールティは心と身体とを完全に別のものとはみなさない。両者は相互に作用しあい、影響しあいながら、複合体を形成している。いわゆる「色心互薫説」と呼ばれる考えである。四元素から成る身体（色身）と、心とは互いに作用しあいながら、連続する。そのため、身体が変化すれば、それに応じて心に影響が出るということもある。逆に心が変化することで、身体に影響が出ることもある。

それならば、身体を心の「原因」と呼ぶこともできるのではないか。このような疑問が浮かぶかもしれないが、それは違う、とダルマキールティは言う。彼は「原因」を次のように規定する。

sattopakāriṇī yasya nityan tadanubandhataḥ /
sa hetuḥ saptamī tasmād utpādād iti cocyate //
Pramāṇavārttika II 49 //

恒常的にそれ（Y）が随伴するという仕方で、あるもの（X）の存在が〔Yを〕補助する場合、そのXが「原因」である。それゆえに、〔縁起のフォーミュラにおいて、ブッダにより原因は〕第七格で説かれており、また、「〔これの〕生起から」と説かれている。(7)

単にあるもの（X）の存在が別の何か（Y）の生起を補助するという理由で、XがYの原因になるのではない。Xに対するYの随伴（anubandha）が成り立つときに、XはYの原因となる。ブッダが「これあるとき、かれがある」「これの生起から、かれが生じる」という縁起のフォーミュラを説いたとき、「これがあるとき」（asmin sati）や「これの生起から」という表現がなされたのは、それが原因であることを示すためだった、というのがダルマキールティの解釈である。

これに対して、ダルマキールティの直弟子であるデーヴェーンドラブッディは、ここで言及される縁起の二つのフォーミュラは、XとYとのあいだに異時的継起が成立することを示すものだとする。この箇所を扱った稲見正浩の考察(8)を参考にすれば、その意見は次のようにまとめられる。

デーヴェーンドラブッディ　二つのものが因果関係にある場合、必ず原因は時間的に前にあるものであり、結果は後にあるものである。原因が第七格（於格）と第五格（奪格）で述べられ、結果は第一格（主格）で述べられる。時間的前後関係を因果関係と見なす。なお、この場合の第七格は、原因の第七格（nimittasaptamī）である。

この解釈に従えば、縁起の第一のフォーミュラは「これが〔先に〕存在するから、かれが〔後に〕生じる」と訳されよう。原因は結果に時間的に先立つということ。現在の私たちが常識とする考え方がここには表明されている。先に見た近代仏教学の縁起論争で言えば、木村泰賢が提示した異時的継起として因果関係を見る見方に通じるものだろう（ただし、木村は縁起の第一のフォーミュラを同時的依存関係と捉えていた）。

一方、プラジュニャーカラグプタは同じ縁起のフォーミュラに対して別の考えを表明する。それによれば、「これがあるとき」の第七格（於格）は原因の於格であることに違いはないが、原因は結果に時間的に先行するものとはかぎらない。未来にあるものが現在のものの原因になることと、現在のものが過去のものの原因になることがあり得る。きわめて奇妙な考えであるが、議論の文脈を考慮すれば、納得できる部分がある。

ダルマキールティの論理学の体系では、結果から原因を推理することは許されるが、原因から結果を推理することは許されない。たとえ一刹那でも原因と結果とのあいだに時間差があれば、その間に、別の要因が干渉することで、結果の生起を妨げる可能性が残されるからである。例えば、種という原因があっても、途中に阻害要因（日照不足や土の養分の不足など）があれば、芽という結果を生まない場合があり得る。それに対して、芽という結果からは、そこに必ず種という原因があったことは確実に推理されうる。つまり、結果から原因は確実に推理できるが、その逆に原因から結果を確実に推理することはできない。

だが、そうだとすれば、この世の生存の最初の識（＝結果）から前世の識（＝原因）を推理することはできても、この世の生存の最後の識（＝原因）から来世の識を推理することはできないことになる。つまり、前世の論証はできても、来世の論証はできないことになる。

この問題を解決する切り札が未来原因説である。原因や結果を規定する際に時間的先後関係は関与しないのだとすれば、未来のものを「原因」、現在のものを「結果」とみなすことができる。これにより、私たちが未来のことを知るのは、未来の原因を現在の結果から推理する仕方で知っていることになり、ダルマキールティの論理学上の制約の枠内におさまるのである。(9)

しかしながら、理屈はそうであっても、この見解には違和感があることだろう。内容に関して違和感があるのは当然として、はたしてダルマキールティの言葉そのものと齟齬をきたしていないか、という疑問もある。だが、この点に関しては、先に見た詩節のなかで、「恒常的にそれ（Y）

が随伴するという仕方で」（sadā tadanubandhatas）と述べられた箇所が考察のヒントを与えてくれるだろう。

プラジュニャーカラグプタは、XとYとの随順関係は、「XなしにはYがない」という不可離の関係（否定的随伴）が成立していることを示すものと理解する。そのうえで、「XとYとが別体であれば、XがYの能遍（vyāpaka）である」という理解を示す。「能遍」というのは、インド論理学に特有の術語であり、二つの概念の包含関係を想定した場合に、他方を包含する方を指してこのように言われる。例えば、火と煙との関係をとれば、煙という概念を火という概念が包含しており、火が「能遍」、煙が「所遍（vyāpya）」である。今、XとYという二つの存在者があるときに、両者に「XがなければYがない」という否定的随伴が成り立つのであれば、そのことは、「XはYを遍充する」という遍充関係が成り立つことを示すというわけである。そして、「XがYを遍充する」という関係を書き換えれば、それは「XがなければYがない」の対偶である「Yがあれば、Xがある」になる。

ブッダが述べた「これがあれば、かれあり」は普通、「X（原因）があれば、Y（結果）がある」と理解される。Xに「無明」、Yに「行」を代入すれば、十二支縁起の最初に二支の関係が既定される。インド哲学で広く認められる考え方では、「Xがあれば、Yがある」（アンヴァヤ、肯定的随伴）、「Xがなければ、Yがない」（ヴィヤティレーカ、否定的随伴）という二つの関係が成り立つとき、XがYの原因であるとされる。縁起のフォーミュラは、このような因果関係を発見するための方法を述べたものと考えられる。[10]

ところが、プラジュニャーカラグプタの理解はそれとは異なる。縁起のフォーミュラが「Xがなければ、Yがない」（否定的随伴）を述べたものとする点こそ、従来の理解と同じであるものの、それと一組をなすのは、「Xがあれば、Yがある」ではなく、「Yがあれば、Xがある」の方だと考えるのである。この場合、二項のあいだには、論理的な必然性の関係が成り立つ。それはちょうど「人間（Y）であれば、動物（X）である」「動物でなければ、人間ではない」の関係のように、YをXの十分条件、XをYの必要条件と捉える見方ということになろう。[11]

ここまでのところをまとめると次のようになる。

〈因果関係の発見法としての縁起〉
Xがあれば、Yがある
Xがなければ、Yがない
〔XはYに時間的に先立つ〕

〈因果の論理的関係を示す縁起〉

Yがあれば、Xがある

Xがなければ、Yがない

〔XとYの時間的関係は不問〕

プラジュニャーカラグプタの未来原因説は、後者の図式によりながら、二項のあいだに「XがなければYがない」という関係が認められれば、XをYの「原因」として措定するという考えなのである。その際、仮にXが時間的に後続するものであるとしても、それなしには成立しない事象（Y）があるとすれば、その未来のXはYの「原因」と認められる。プラジュニャーカラグプタとその注釈者ヤマーリは以下のような例をあげる。

例1　未来の繁栄があることが定まっているとき、現在の心に喜びが生じる。

例2　未来の死があるときに、死の兆しが現れる。

例3　未来に雨が降るとき、蟻たちが行列で巣から出てくる行動がある。

これらの例に関しては、現代の視点から、未来のものが遡って因果効力を発揮しているというよりも、現在の心が予測するところの未来が現在に影響を与えているのであり、原因は現在の心にある（例1）と考えることもできるし、やがて死につながる病気の症状として肉体に変化が生じているにすぎない（例2）と考えることもできよう。また、蟻たちの行動（例3）については、蟻の身体には湿度を感じる機能がそなわっていることで説明がつけられるかもしれない。

その一方で、これらは、七世紀から八世紀頃のインドの人々のなかで慣習的に認められてきた事柄であり、彼らの因果的信念というものを、現代の視点から断じることにどれほどの意味があるのか、という疑問もある。彼らの信念体系のなかでは、これらは紛れもなく未来の事柄が現在に影響を与えているとしか捉えられない現象であったのであり、別様の仕方での説明は容易に受け入れられるものではなかっただろう。現代の常識から彼らの因果信念の不備を指摘するのは容易い。だが、立ち止まって考えてみなければならない。私たちのなかに、これと同等の因果信念は何もないと本当にそう言えるのだろうか？

ここからはテキストを離れた独断的な意見になるが、おそらくは私たちのなかにも未来原因説が説くような因果的信念を受け入れる余地はあると思う。それは哲学者のマイケル・ダメットが逆向き因果の議論をする際に提示した遡及的な祈り（難破した船に乗っている息子の生存を祈る行為＝時間的に後の行為により前にある出来事に因果的にはたらきかけること）などに見ることができるし、私たちすべてにかかわるものとしては、未来に必ず訪れる自己の死という出来事が、大なり小なり私たちの現在の生に影響を与えているということを考えてもよいだろう。さらに死後の救済や往生という宗教的な信念をもっている人であれば、未来に約束された救済や往生が現在の生のあり方を規定するということもあるはずである。

ここで大事なことは、これらの事例の妥当性を検討することではなく、私たちの因果的信念の多くは、経験の反復により形成されてきた習慣的なものであり、そこには常に綻びや裂け目が存在し得るという側面に目を向けることである。原因と結果を考える際、「原因は結果に先立つ」という信念は確かに強固なものであるが、私たちが慣習的に用いる因果の表現や理解のなかには、必ずしもその信念に合致しないものもふくまれ得る。その可能性に目を向けることができれば、「原因」と「結果」、「過去」「現在」「未来」という周知の概念が途端に不安なものに見えてくる。

プラジュニャーカラグプタが、未来原因説で真に狙いとしたものは、まさにそのような日常的に構築された概念体系そのものを揺さぶることにあったと考えられる。というのも、彼はまた別の箇所では、「不二知」（advayajñāna）こそが究極的なものであることを説き、言語的・概念的に構築された分節的な思考そのものの妥当性を疑問視しているからである。それは大乗仏教の瑜伽行派から見た空＝無自性の世界であり、二元的な思考法そのものに終止符をうつ考え方である。人はその境地へと一足跳びに入ることはできない。これまで繰り返しの経験のなかで習慣として培われた堅固な信念体系は簡単には揺らぐことはない。しかし、因果の結び目を丹念に解きほぐし、原因と結果という概念の裏側にある分別的思考（vikalpa, kalpanā）の働きを反省することで、不二知への道をたどるのである。

結びにかえて——縁起の仏教哲学へ

ブッダが説いた縁起のフォーミュラ、「これがあるとき、かれがある」はその表面だけみれば、何ということもない二項間の随伴関係を規定した言葉である。インド哲学でお馴染みの例で言えば、「火があるとき、煙がある」ということであり、二項の恒常的な随伴が成り立つのであれば、個別の火、個別の煙ではなく、より一般化したかたちで、

「火」が「煙」の「原因」であり、「煙」は「火」の「結果」であると規定することができる。ブッダが無明からはじめて老死で終わる十二支縁起を説き示した際には、そこで言う「無明」や「老死」は個別的なものではなく、およそあらゆる衆生にあてはまる一般的なものとして説かれていたであろう。

その意味において、十二支の各支分である「法」（dharma）を単なる存在者ではなく、「型（かた）」、すなわち普遍者であると捉え、法と法とは「内的必然性」によって結ばれるのだという和辻の理解は、私には正しいものに思われる。だがそうすると、普遍者である法と法とのあいだには生起・止滅の関係があるはずはないのだから、そこには「条件づけ」の論理的関係しか認められないことになる。これが、和辻のたどった思考である。一方で、法の生起・止滅に注目すれば、法とはあくまでも個別的存在者であるとする見方も可能である。その場合、縁起とは「因果的発生」の関係を説いたものとして理解される。すなわち、近代日本の仏教界を揺るがした縁起論争は、論理的解釈か時間的解釈かという対立をひとつの軸としていたが、そこに隠された本当の問題は、法の存在論的身分が、概念的か個別的存在者か、という対立にあったと言えそうである。

一方、目を古代インドに転じてみれば、同じく縁起のフォーミュラの解釈をめぐって、ダルマキールティの後継者たちのあいだで、それを時間的先後関係として理解するか（デーヴェーンドラブッディ）、時間的先後関係なしで理解するか（プラジュニャーカラグプタ）、という対立があったことが知られる。テキストにそう明言されているわけではないが、前者は実在が因果効力をもつとするダルマキールティの学説を受けたものであり、実在レベルにおいて、時間的に先行するものが後続するものに因果的作用を与えるとする考え方を背景としている。それに対して、後者の理解は、これまで見てきた通り、「XがなければYがない」の関係から論理的に導かれる「YがあるときXがある」という遍充関係を前提として、XをYの必要条件とみなすことに重点を置く。つまり、和辻と同じく、二項のあいだの「内的必然性」を重視しているのである。その際、XとYの二項にあたるものは、概念的に構築されたものとみなされる。

このように時代と地域を異とにする二つの縁起論争を見ることで、縁起のフォーミュラが抱える問題点をクリアに捉えることができたのではないだろうか。だが、平行する二つの議論を並べることで見えてくるのは、その類似性ばかりではない。近代日本の仏教学者たちが、縁起解釈において、「異時的継起」のほかにも「同時的因果」や「相依性の因果」の可能性を示し、因果の時間性に関してかなり幅のある解釈を示したのに対して、今回扱ったインド仏教認識論の議論の場合には、「異時的継起」、すなわち時間的先後関係を前提とする因果理解が所与の前提とされていた。そのなかで、未来原因説を掲げて、因果の時間性の問題に一石を投じたプラジュニャーカラグプタの議論は異彩を放つ。すでに論じたように、彼の議論が最終的に目指したものは、「原因」「結果」という概念的な枠組みそのものを無効化する不二知の領域であり、未来原因説そのものが最終ゴールだったわけではないのだが、それでもこの未来原因説の内容を考察するなかで、私たちは因果や時間に関する日常的な理解の陥穽に気づかされることになる。それは、過去と未来の対称性／非対称性の問題や因果概念の多重性（物理的因果／行為の因果／不二の因果）などの新たな哲学的問題へとつながっていく[12]。

現在、中沢新一が提唱するレンマ学[13]や、清水高史のトライコトノミー[14]など、仏教の縁起説から展開される新たな思想が注目を集めつつある。未来原因説もまた、同じく仏教の縁起説からの展開として、仏教哲学の新たな可能性の扉を開くものと言えるのではないだろうか。

注

本稿は、大正大学総合仏教研究所での公開講座（二〇二三年一一月二四日）の発表原稿をもとにしたものである。ご招待いただいた種村隆元先生ほか、貴重なご意見をいただいた公開講座の参加者各位に感謝申し上げたい。

（1）護山真也「仏教認識論の射程——未来原因説と逆向き因果」『未来哲学』創刊号、二〇二〇年。

（2）Majjhima Nikāya. III, Bahudhātuka-sutta より。翻訳は、長尾雅人他「中篇の経典」『バラモン教典　原始仏典』世界の名著1、中央公論社、一九六九年、四九〇頁などを参照。

（3）和辻哲郎『原始仏教の実践哲学』岩波書店、一九二七年（改訂版、一九七〇年）、一一四—一一五頁。

（4）木村泰賢「原始仏教に於ける縁起観の開展」『原始仏教思想論』木村泰賢全集第三巻、大法輪閣、一九六八年、三八三頁。

（5）同書、四一一頁。

（6）宮下晴輝「縁起説研究初期が残したもの」『仏教学セミナー』一〇〇号、二〇一八年、八—九頁。

（7）テキストは Yushō Miyasaka, "Pramāṇavārttika-Kārikā (Sanskrit and Tibetan)," *Acta Indologica* II, 1971/72, p. 10 による。翻訳は稲見正浩「『プラマーナ・ヴァールッティカ』プラマーナシッディ章の研究(8)」『東京学芸大学紀要二部門』第五〇号、一九九九年、一〇頁、および注一七を参照。

（8）稲見、前掲論文、注二〇。

（9）未来原因説については、稲見、前掲論文、注二一にテキストの翻訳とともに他学派に引用される同学説に関する有益な情報が記載されている。未来原因説の基本構造については、護山真也「来世の論証にみるPrajñākaraguptaの未来原因説」『インド哲学仏教学研究』第五号を参照。また、Eli Franco, *Dharmakīrti on Compassion and Rebirth: With a Study of Backward Causation in Buddhism*, New Delhi: Dev Publications, 2021 の "On Backward Causation in Buddhist Philosophy" に詳しい論考がある。

(10) 因果関係の発見方法としてのアンヴァヤとヴィヤティレーカについては、桂紹隆『インド人の論理学——問答法から帰納法へ』法蔵館、二〇二一年、二四八—二五二頁の「随伴と排除——帰納法の原理」を参照。

(11) なお哲学者のジョン・マッキーは原因を、「[結果にとって]必要ではないが十分な条件のうち、十分ではないが必要な部分」(Insufficient but Necessary parts of a condition which is itself Unnecessary but Sufficient" for their effects)、すなわちINUS条件として定義している。ダルマキールティの因果論もまた、複数の原因からなる原因総体を前提としているため、INUS条件との比較は今後の課題となろう。Cf. J. L. Mackie, "Causes and Conditions", *American Philosophical Quarterly*, 12 (1965): 245–265.

(12) プラジュニャーカラグプタの不二知をめぐる議論は、「多様不二論」(citra-advaita-vāda) として知られる彼の知覚論の中心テーマとも関連する。このような彼の思想に関しては、稲見正浩「プラジュニャーカラグプタにおける不二知」『神子上恵生教授頌寿記念論集インド哲学仏教思想論集』永田文昌堂、二〇〇四年所収に詳しい。また、不二知と未来原因説、多様不二論などの関連性については、Shinya Moriyama, "Prajñākaragupta: Buddhist Epistemology as the Path to the Wisdom of Non-Duality," William Edelglass, Pierre-Julien Harter and Sara McClintock (eds.), *The Routledge Handbook of Indian Philosophy*, Routledge, 2023 を参照。

(13) 中沢新一『レンマ学』講談社、二〇一九年。

(14) 奥野克巳・清水高史『今日のアニミズム』以文社、二〇二一年。その「第五章 アニミズム原論——《相依性》と情念の哲学」にナーガールジュナの縁起解釈に関する斬新な考察がある。また、清水高史『空海論/仏教論』以文社、二〇二三年の「第一部 二辺を離れる——上七軒講義」での師茂樹・亀山隆彦との鼎談を参照。

未来哲学研究所　シンポジウム

第一回　未来哲学とは何か　二〇二〇年八月二四日

司会　末木文美士
提題　山内志朗　通底する存在と情念——中世から未来を問うために
永井　晋　未来哲学としての東洋哲学
中島隆博　来者を思う——哲学の希望
対談　中島隆博・納富信留
「哲学の未来」っていったい？——思考を更新するための条件をめぐって

第二回　異なる近代の可能性——非西欧の視座から　二〇二一年三月二〇日

司会　朝倉友海
提題　谷　寿美　ロシア全一性の視座——ソロヴィヨフを中心として
坂元ひろ子　清末、もうひとつの進化論と「個」——梁啓超、章炳麟
小村優太　イスラーム復興と近代——ムハンマド・アブドゥフ
西平　直　ブータンという生き方——転生のコスモロジーと欲望の拡大

第三回　言語を問う地平——語りえぬものへ　二〇二一年八月三〇日

司会　中島隆博
提題　八木沢敬　メタ言語哲学が拓いた次元
永井　晋　生命の自己形態化としての言語——レヴィナスとカバラーの文字神秘主義を中心として
師　茂樹　唯識と言語——ポストモダン的な理解を超えて

第四回　霊魂論の未来——情念・霊魂・他者　二〇二二年三月三〇日

司会　山内志朗
提題　平野嘉彦　ドイツにおける心霊思想、もしくは超心理学——デュ・プレルとシュレンク・ノッツィング
佐藤弘夫　語らう死者たちの誕生——日本列島における鎮魂の系譜
末木文美士　心という回路——仏教哲学の根幹

第五回　世界哲学における翻訳の問題　二〇二二年九月一日

司会　納富信留

提題　護山真也　「色即是空」のアポリア
——鳩摩羅什と玄奘による『般若心経』の翻訳をめぐって

小村優太　アラビア科学と翻訳
——自然言語の限界に対する挑戦

齋藤直子　翻訳としての哲学（Phylosophy as Translation）

阿部賢一　文芸翻訳とパラテクスト

第六回　国家と宗教　二〇二三年三月二九日

司会　末木文美士

提題　伊達聖伸　アナトール・フランスにおける二つのライシテの相克

細川瑠璃　二〇世紀初頭のロシア宗教思想における国家観

保坂俊司　政教分離の比較文明学的考察
——インドを事例として共生の思想としての世俗主義と考える

石井　剛　宗教による近代化？
——中国近代転換期における宗教との邂逅について考える

第七回　現代科学と人間性の拡張　二〇二三年九月一日

司会　小村優太

提題　秋山知宏　私たちを人間たらしめるものは何か
——人類と自然の統合的研究

師　茂樹　「ＡＩは悟れるのか」という問いについて考える

近藤和敬　ポスト・ヒューマン時代の科学という問題について

岡本拓司　自然科学に由来する政治思想——二〇世紀の事例を中心に

第八回　中世復興　二〇二四年三月三〇日

司会　山内志朗

提題　山内志朗　西洋における中世と近世の間
——聖霊論の観点

法貴　遊　繋辞を持たない言語で、〈ある〉について多くのしかたで語る
——カラームから馬性まで

佐藤弘夫　聖霊から幽霊へ
——闇から現れるものたち

未来哲学別冊
哲学の未来／未知なる哲学

2024年9月25日　　第1刷発行
定価（本体1800円＋税）

発行者　末木文美士
発行所　未来哲学研究所
発売所　株式会社ぷねうま舎
　　　　〒162-0805
　　　　東京都新宿区矢来町122　第二矢来ビル3F
　　　　電話 03-5228-5842　ファックス 03-5228-5843
　　　　https://www.pneumasha.com

印刷所　真生印刷株式会社

ISBN 978-4-910154-59-6　Printed in Japan